CRÍTICA

EDICIONES ANTÍGONA

© Paloma Rodera, 2024

© Para todos los países en lengua española:
Ediciones Antígona, S. L.
C/ Prim 15, local - 28004 (Madrid)
Tel: 91.119.17.32 / 640.631.054
info@edicionesantigona.com
www.edicionesantigona.com

Primera edición, 2024

Diseño de cubierta: IJdesign sobre una imagen de Paloma Rodera
Director editorial: Isaac Juncos Cianca
Directora de la colección: Conchita Piña

ISBN: 978-84-18119-02-6
Depósito legal: M-12421-2024

Impreso en España / Printed in Spain

Paloma Rodera

TEATRO
PARA LA VIDA COTIDIANA

EJERCICIOS DE EXPERIMENTACION TEATRAL

ÍNDICE

INTRODUCCIÓN

«Hacía mucho que no jugaba» me dijo emocionada y con los ojos brillantes una de mis alumnas, que ya había pasado hace tiempo la infancia.

Hace ya una década que empecé a dedicarme profesionalmente al mundo de las artes escénicas. En mí misma pude comprobar la evolución de cómo el teatro repercutió en las otras disciplinas a las que dedico mi actividad profesional: era capaz de hablar ante un público, de expresar mis emociones con precisión y claridad, aprendí a comunicarme mejor y a dotar de sentido muchas de las dinámicas grupales en la que me encontraba en situaciones laborales; asimismo aprendí a gestionar equipos y encontré un modo de asimilar todo aquello, que durante horas de aparente juego, había integrado a la perfección en mi cotidianidad. Fue en ese momento cuando empecé a plantearme la posibilidad de desarrollar técnicas de las artes escénicas para otros ámbitos y disciplinas que pudieran resultar beneficiadas por estas. Investigué científicamente a autores como Augusto Boal, Grotowski, Eugenio Barba, entre otros, que estaban interesados en aspectos del teatro que van más allá de sus propias pretensiones artísticas.

La Experimentación Teatral nace así de la necesidad de dar respuesta a la aplicación del teatro y sus técnicas en la vida cotidiana. Esta metodología interviene en el desarrollo integral de la persona, favoreciendo cambios tanto en aspectos cognitivos como en el aprendizaje de una gestión eficaz de las emociones. Inicié esta investigación hace más de una década, cuando el teatro universitario y sus métodos llegaron a mí, una estudiante de Bellas Artes tímida y con dificultades para defender proyectos e ideas. A partir de ese momento, empecé a estudiar la relación entre hacer teatro con una finalidad artística y su repercusión en mi vida personal y profesional. Estas páginas son, por tanto, el resultado de la experiencia de mis años investigando los beneficios que el teatro tiene, especialmente, en su aplicación a la vida cotidiana y a la práctica profesional. En este libro se expone, por un lado, la parte más teórica y las bases de esta investigación; y, por otro lado, su aplicación más práctica a través de ejercicios y programas para que los lectores puedan acercase, con distintos niveles de profundidad, a esta metodología desde cualquier disciplina. Los recorridos creados se enfocan a diferentes áreas: personal, social o laboral.

Estos cursos se basan en formaciones de teatro y artes escénicas enfocados al crecimiento personal y a la práctica profesional. Con las técnicas que se trabajan en ellos, el alumno adquirirá nuevas habilidades y herramientas para el control emocional y físico. El recorrido propuesto está orientado a la reflexión de las prácticas y a su aplicación en diferentes aspectos de lo cotidiano. Los talleres están dirigido a todas aquellas personas con interés en conocer las posibilidades y recursos que poseen dentro de sí y que pueden aplicar de forma directa para la resolución de conflictos diarios.

Capitulo 1

ORÍGENES DE LA MICROSOCIOLOGÍA: BARBA Y GOFFMAN

Siempre que me preguntan en qué consiste la Microsociología teatral y su metodología, la Experimentación Teatral, me suelo referir a su significado más primario por ser el más efectivo. Se trata de una disciplina (que se apoya en las teorías de Goffman —que buscará llevarse el teatro al campo de las Ciencias Sociales— y Barba —que hará el viaje contrario, queriendo poner un poco de antropología a la práctica escénica—) que nos permite adquirir competencias personales, sociales y profesionales desde la práctica artística y contribuye a dinamizar entornos de muy diversa índole. Todo ello con un común denominador: el ser humano y sus relaciones consigo mismo, con el otro y con los entornos (espacio y tiempo, de forma general, y la ciudad, la casa... de forma particular). Después de años de investigación artística, llegué a la conclusión desde el ámbito teórico, de la necesidad de llevar a cabo una aplicación práctica de lo estudiado. Esa dimensión que encuentra una realidad en lo cotidiano es la que constituye el terreno de la Experimentación teatral.

La metodología de la Microsociología teatral va a permitirnos adquirir competencias personales, sociales y profesionales y tiene una aplicación directa, a través de ejercicios, en la dinamización de entornos. Comprobaremos cómo se puede utilizar la práctica artística como hilo conductor de los procesos de aprendizaje en cualquier disciplina. Además, veremos tipologías de ejercicios. La parte práctica de esta publicación muestra al lector una batería de dinámicas que se pueden organizar en módulos de trabajo. Este tipo de disposición nos ayuda a diseñar nuestro propio modelo de aprendizaje atendiendo a nuestras necesidades.

Eugenio Barba y la antropología teatral

Empecemos a conocer el sustrato de la disciplina que nos propone Barba, su modo de hablar de la antropología y sus conexiones con las teorías de otros autores como Marcel Mauss o Grogory Bateson.

Barba es de los pocos hombres de teatro que es capaz de mirar a otras disciplinas y nutrirse de sus ideas para llevárselas a la práctica escénica, en concreto, a su particular visión del entrenamiento del actor. La manera que tiene de entender la práctica de la interpretación es especial. Constituye un modo especial de entrar en la sala de ensayos: llevársela fuera, a otro espacio, y acercarla a la vida cotidiana.

De este modo, se sirve de la práctica artística para aplicarla en otras dimensiones personales que no poseen fines meramente profesionales dentro del ámbito de lo artístico. El objetivo es poder entender los mecanismos que son capaces de generar emociones y devolverlos al terreno de lo cotidiano.

Vamos a ver a continuación alguna pincelada de la biografía de Eugenio Barba con el fin de poder entender mejor algunos episodios de esta que definen a la perfección justificaciones relativas al estudio de sus teorías principales sobre el teatro y la antropología. Empecemos con su nacimiento. Eugenio Barba nace en 1936 en Italia, concretamente en Bríndisi. Todo lo relacionado con su infancia va a ser vital para poder entender su manera de mirar la escena.

Los primeros años de la vida de Barba están marcados por tradiciones religiosas y paganas, por los espectáculos y las manifestaciones que se representan en torno a dichas tradiciones. Todos estos elementos quedarán marcados en la mente de Barba. Y serán los que veremos en su teoría y práctica en la interpretación actoral.

En la siguiente etapa de su vida cambia la realidad vivida en un ambiente mediterráneo por una bien distinta en el norte de Europa. Desarrolla su carrera en Dinamarca y los países nórdicos. De este periodo va a rescatar una serie de estructuras para su modo de entender el teatro. Debemos tener en cuenta que en 1964 fundará la compañía Odin Teatret, que será el seno de sus principales investigaciones relativas a lo escénico. Esta experiencia se va a convertir en un referente del teatro europeo contemporáneo.

En 1979 crea la ISTA, La Escuela Internacional de Antropología Teatral. Esta escuela se dedica a realizar pequeños estudios en distintas partes del mundo con la colaboración de profesionales de distintos sectores, teatrales y no teatrales. Se trata de un proyecto más maduro en ciertos aspectos y, sobre todo, con una finalidad distinta que busca el desarrollo integral de la práctica artística y la posibilidad de añadir otro tipo de investigaciones sociales y pedagógicas, más allá de la propia escénica, con fines artísticos.

Iniciando el siglo XXI, va a fundar, junto con la Universidad de Aarthus, el Centre for Theater Laboratory Studies. Se trata de un centro de investigación teatral en el que se pueden desarrollar proyectos relacionados con la práctica artística y se llevan a cabo laboratorios de investigación específicos.

Con el paso de los años, y gracias a todas estas iniciativas que ha llevado a cabo a lo largo de su vida, Eugenio Barba se ha convertido en uno de los principales nombres del teatro contemporáneo, constituyéndose como una pieza importante para el desarrollo del mismo. Podemos definir su trayectoria como multidisciplinar y completa.

Su trabajo es una base fundamental para el desarrollo de la Microsociología teatral como disciplina y se encuentra en la base de los ejercicios de la metodología de nuestra Experimentación Teatral.

Hay una búsqueda específica del uso del cuerpo del individuo que, en el caso de Barba, se utiliza para el entrenamiento actoral y que nosotros vamos a utilizar también para las sesiones de trabajo.

Reconocemos una serie de fines terapéuticos implícitos en el modo de trabajar con el actor, que para nosotros se traducen en maneras de entender y hacernos cargo de las situaciones de nuestra cotidianidad. Para ello vamos a realizar una investigación a través del cuerpo para aprender a gestionar y combatir los conflictos y situaciones complejas del ámbito de lo personal, lo social y lo profesional. Esta resolución de conflictos desde lo corporal nos ayuda a entender, desde una perspectiva alejada de lo mental y centrada en nuestras actitudes físicas, nuestras emociones.

La antropología teatral, tal y como nos la hace llegar Barba, se centra en el estudio relativo al trabajo del actor, y tiene como finalidad servir a este. Es aquí donde reside la diferencia entre los fines de Barba y los nuestros, los de la Experimentación Teatral. Nuestra intención va a ser, precisamente, la de alejarnos de esos fines artísticos y recuperar las técnicas y las herramientas para una vocación orientada a la cotidianidad. Con esta metodología queremos huir de forma radical de los compartimentos-estanco o categorización entre disciplinas. Con la aplicación de nuestro método, buscamos un estudio más completo del mismo objeto. Nuestro/s personaje/s cotidianos en los diferentes ámbitos vitales.

Como destacábamos en las notas biográficas, Barba creció rodeado de las costumbres y tradiciones, religiosas y paganas, propias de la costa mediterránea. Ahí fue donde pudo contemplar y estudiar el comportamiento humano, los cambios del cuerpo, la exaltación de las emociones y las colectividades. Las tradiciones populares nos permiten conocer *actores de un solo papel* y celebraciones concebidas con intenciones claramente no teatrales, pero que poseen un alto valor escénico y permiten el entendimiento de múltiples dimensiones de lo humano en los rituales en torno a la fiesta. Quizás es ahí, en la fiesta, donde podemos encontrar también un punto intersticial que nos permite entender los lenguajes híbridos de lo escénico en contextos no estrictamente destinados a lo profesional.

Barba establece dos clases de presencias en el actor: una cotidiana y otra extracotidiana. El paso que consideramos «de tránsito» entre ambas, es la que ha captado la atención de la Experimentación Teatral. Al fin y al cabo todos interpretamos personajes a diario. Esos personajes, además, van cambiando en cada uno de los ámbitos y los contextos en los que los representamos.

Adentrémonos ahora en los conceptos, rescatados de la teoría y la práctica escénica, propuestos por Barba. Nos serán de gran ayuda para clarificar y apoyar todo aquello que se relaciona con el trabajo del cuerpo y su puesta en relación con el otro.

La recopilación más completa del pensamiento y la corriente que genera Barba la encontramos en *El arte secreto del actor. Diccionario de Antropología Teatral*. En esta compilación, en la que interviene también Nicola Savarese y otros autores como Ferdinando Taviani, nos muestra lo que vivimos en el teatro tanto desde la perspectiva del actor, como desde la del público. Este es quien completa y da sentido a lo que experimentamos en una sala de teatro, cuando un hombre de carne y hueso se expone *aquí y ahora* ante un semejante.

El mejor teatro es aquel en el que se realiza una íntima unión entre actor y espectador, en el que uno y otro llegan a sentir de la misma forma, o en el que uno consigue trasmitir al otro, hasta el fondo, lo que piensa y lo que experimenta.

En este libro se dan una serie de consejos y técnicas, que son de especial importancia para quien quiera dedicarse profesionalmente al teatro o quien desee conocer a fondo cómo es la tarea del actor. Conceptos como la «exterioridad» o el «pensamiento puesto en el público» son fundamentales para la creación escénica, ya que la asunción de ciertas convenciones configuran las relaciones que se establecen entre escena y patio de butacas.

> Las imágenes del actor que encontramos en Diderot o Artaud, las visiones de Stanislavski, Craig o Brecht, de Meyerhold o de Grotowski, y sobre todo las realizaciones de los grandes actores y los grandes bailarines, muestran que el arte del teatro es siempre mímesis que consigue exteriorizarse.

Barba habla de los usos extracotidianos del cuerpo y del comportamiento: el artificio que ofrece el espectáculo teatral para recrear, en algunos casos, un fiel reflejo de la realidad, pero siempre con un filtro artístico desde el que se cuenta.

> Por «visión de los espectadores» entendemos algo más variopinto y complejo: no solo el significado a sus ojos de lo que hacen, sino también la finalidad por la que lo hacen y la lógica que les lleva a hacerlo. Pertenece a la visión del actor, por ejemplo, no solo el *subtexto* con el que este motiva en términos personales las palabras de un personaje, sino también la secuencia de acciones sugeridas en un contexto distinto del que las envuelve en el espectáculo (cfr. Montaje), o el uso de una técnica extracotidiana del comportamiento independiente de los valores semánticos y expresivos que caracterizan el trabajo del actor en el espectáculo.

Nosotros con la Experimentación Teatral estamos buscando aquello que hay de espectáculo en la vida cotidiana para poder desmenuzarlo, entenderlo, hacerlo propio y crear nuevas vías para ayudarnos a crecer, a gestionar las emociones y los conflictos que nos rodean. Vamos a ver cómo dentro de la vida diaria encontramos, por ejemplo, subtextos o acciones orgánicas, aunque no se traten bajo las mismas premisas que lo hacen las acciones que transcurren en un escenario.

Para que un gesto, que es potencialmente realizable en la vida cotidiana, pueda ser visto a la distancia necesaria y en el momento preciso de la historia que se está contando, la escena ha de valerse de una serie de técnicas y estrategias que en la vida cotidiana simplemente «suceden». Y esta es la diferencia esencial: mientras que en el teatro utilizamos esas estrategias y esas técnicas para generar el espectáculo (y estas son pensadas, razonadas y estudiadas), en la vida cotidiana, simplemente, las utilizamos sin ningún tipo de reflexión previa.

La vida cotidiana se presenta como una improvisación continua. «Barba se ocupa, con una neta especificación práctica, de la diferencia entre técnica cotidiana y técnica extracotidiana, en este sentido preciso de lo extracotidiano como amplificativo». En este sentido el uso del cuerpo y la palabra de una manera extracotidiana nos resultan útiles como sistemas de análisis de la realidad a través de los ojos del arte.

A través de la forma de utilizar y componer la relación peso-equilibrio, la oposición de los movimientos, la composición de las velocidades y los ritmos, el actor entrega al espectador no solo una percepción distinta del cuerpo, sino también una percepción diferente del tiempo y del espacio.

El juego que establece el arte en el empleo del tiempo y el espacio se encuentra completamente fuera de lo que se entiende por espacio y tiempo cotidianos. Barba nos habla del *training* como uno de los valores del profesional del teatro:

El *training* del actor suele ser considerado de forma reductiva: como el signo de la profesionalidad del actor (se entrena todos los días, como un gimnasta o un pianista) o bien como un signo de su compromiso ético (hace cada día sus ejercicios). No se valora suficientemente que el *training* sea —o pueda ser— un factor de independencia del actor con respecto al director. Independencia de la continuidad de su trabajo respecto a la discontinuidad de los espectáculos sucesivos, pero también independencia de los espectadores.

Y esto es precisamente lo que vamos a buscar con las sesiones de Experimentación Teatral en las que se implicará el cuerpo. Vamos a buscar ese *training,* ese modo de poder ejercitarnos. Vamos a generar mecanismos que hagan más fácil, o al menos más entendible, esa improvisación que supone la vida de nuestro día a día.

Para que el teatro pueda ser llamado tal deben confluir en él tanto el texto teatral como su puesta en escena. Un texto por sí solo no puede ser considerado teatro en toda su complejidad, como si fuera un acto escénico. Al hilo de esto, destacamos tres conceptos claves, que son condición de posibilidad de toda representación, y que como veremos, son base fundamental de nuestra improvisación cotidiana: «intención», «realización» y «reacción». Estos tres conceptos corresponden a la labor del director (intención), con aquellos aspectos del texto que se quieren remarcar y trabajar. La puesta en escena (realización), en la que entran en juego los aspectos más tangibles de la representación. Y, por último, el público (reacción) sin el que no se completa, como venimos diciendo, la comunicación artística.

Estos elementos también son aplicables a cualquier interacción social a menor escala. Pensemos en nosotros como directores. Y unamos a ese rol las *intenciones.* Vamos a considerar como *intención* aquellos modos de hacer, aquello en lo que fijamos la atención cuando hablamos. Por ejemplo: podemos utilizar una misma frase que adquirirá unos significados u otros, según la intención que le demos.

La *realización* va a estar compuesta de todo lo que rodea a la interacción, ese decorado que influye en la interacción social. En este caso, unida a nuestra intención, la realización se relaciona directamente con los contextos en los que la acción se desarrolla.

Finalmente la *reacción*, que en el caso de la escena se vincula directamente con la figura del público; en la vida cotidiana, se relaciona directamente con nosotros. Ese público remite a varias figuras contemplativas y participativas, incluyendo al individuo principal, a nosotros mismos y a quienes nos rodean. Y aquí el juego se redimensiona, porque entran en acción los verbos *contemplar* y *participar* que articulan el movimiento o la ausencia de este.

Dos conceptos que se unen a los de la *intención*, la *realización* y la *reacción*, son los de «táctica» y «estrategia». Estos términos nos permiten desarrollar los ejercicios de Experimentación Teatral. Es importante entender las sesiones como una dimensión personal que se vive en comunidad. Por tanto, se van a realizar intervenciones del grupo como público, es decir, como espectador de nuestras acciones y, en consecuencia, relacionadas con la contemplación, pero también intervenciones donde el grupo se presenta como una comunidad que participa de nuestras situaciones. Ese espectador que salta de la butaca y se convierte en un agente de intervención de nuestras acciones. Esta dimensión comunitaria es un pilar básico de la práctica guiada por la Experimentación Teatral. Las situaciones que se llevan a cabo en el trabajo común nos invita a reflexionar sobre la gestión de las emociones dentro de la escena y su aplicación en las experiencias cotidianas y su desarrollo.

En una capa ulterior, tomaremos los conceptos de forma, ritmo y flujo, que Barba relaciona directamente con la acción del actor, para después analizar las calidades y acciones del movimiento que interviene en la intención de nuestros movimientos, que son la expresión de nuestras emociones. Nos daremos cuenta de la importancia que tienen aspectos como la postura corporal o las calidades de nuestros movimientos para poder entender cómo nos sentimos o la energía con la que contamos. Estos, junto con otros aspectos relacionados, los desarrollaremos más adelante cuando los apliquemos en las sesiones de trabajo.

Forma, ritmo y flujo denominan tres perspectivas diferentes relacionadas con la acción del actor. No indican distintos principios técnicos o diferentes partes de la composición. Designan las tres caras de una misma realidad.

La importancia de Barba en este estudio es primordial, como venimos diciendo, debido a su manera de entender el trabajo del actor y el modo de hacer teatro. Su investigación relativa a la antropología teatral nos ayuda a adentrarnos en la interdisciplinaridad. Esa búsqueda de una disciplina en otra inspiró el espacio intersticial en el que se sitúa nuestra Experimentación Teatral.

... para acercarse a la orilla es necesario ir por detrás y al antes del escenario, un espacio que los espectadores por convención y los estudiosos por pereza o por prejuicios se cuidan de frecuentar.

Erving Goffman y el modelo dramatúrgico

El otro polo de nuestra disciplina intermedia es Erving Goffman y su modelo dramatúrgico enmarcado en la microsociología del teatro. Su enfoque responde a los parámetros de lo *micro*. Dentro de la sociología, nuestro autor bucea en lo que las artes escénicas le ofrecen para aplicarlo en su estudio de los gestos y de las interacciones sociales.

Los equipos interdisciplinares constituyen, a mi juicio, un modo de trabajo conjunto con un nivel muy alto de compromiso. Este tipo de grupos aportan mayor implicación que los que se desarrollan con personas de una misma disciplina e incluso los individuales. Esto sucede porque los equipos interdisciplinares nos permiten intercambiar puntos de vista y conocer las posibilidades de un mismo objeto desde múltiples perspectivas. Esta rama de la sociología se centra en los estudios de caso a una escala *micro*, y se hace, además, desde un enfoque dramartúrgico en la teoría goffmaniana.

Tuve la suerte de encontrarme con las ideas de Goffman hace ya unos años mientras estudiaba mi licenciatura de Bellas Artes. Por aquel entonces yo empezaba a consolidar mi formación teatral, pero me movía en un terreno casi siempre inestable. El estar, en muchas ocasiones, en «tierra de nadie», me hizo encontrar en Goffman un punto de partida para empezar a generar conexiones.

Empecé a intuir la necesidad de establecer una comunicación entre disciplinas. Es importante crear esta relación entre disciplinas que trabajan con los mismos objetos de investigación. Esa necesidad pone de manifiesto cómo ante una situación, cada disciplina ofrece distintos modos de enfocarla. Esas perspectivas nos ayudan a conocer mejor el objeto.

El enfoque dramatúrgico que nos propone Goffman no es más que ver la vida cotidiana como un decorado y hacernos conscientes de que nuestro paso por los espacios públicos y privados comporta roles de empleado, padre/madre o manifestante. Estos no son más que papeles que representamos, diálogos que interpretamos en las interacciones de nuestra vida diaria. Pero ¿forman parte de la esencia de lo que somos? ¿Qué dicen con exactitud de lo que somos? Veamos qué nos dice Goffman al respecto.

A continuación repasemos algunas de las principales vías que nos ofrece Goffman. Viajaremos por aquello que realizamos cada día y que no nos paramos a pensar, porque no le otorgamos el valor suficiente como para que merezca la pena invertir tiempo en su reflexión. Nuestro papel será, sin embargo, detenernos en interceptar esas situaciones cotidianas. Así podremos establecer interpretaciones de esos actos diarios. Podemos crear una estructura sólida sobre la que construir todo el dibujo, de un modo dramatúrgico, de nuestra cotidianidad.

Si, tal y como hemos hecho con Barba, nos fijamos en la biografía de Goffman, también obtendremos un buen contexto en el que situar las teorías del autor canadiense. Erving Goffman nace en Canadá en 1922, y muere en 1982 en Estados Unidos. La importancia capital de sus investigaciones se centra en el formato *micro*, es decir, utiliza las interacciones interpersonales como datos objetivos para el análisis, fuera de las estadísticas. Es el padre de la Microsociología. Estudiará en Toronto y en Chicago. Canadá y Estados Unidos van a determinar la estructura de su modo de pensamiento en su teoría del enfoque dramatúrgico. En 1959 escribirá su obra más representativa *La presentación de la persona en la vida cotidiana*, en ella hace referencia a la metáfora teatral para hablar de las relaciones que se generan en las interacciones interpersonales.

En primer lugar, nos interesa el trabajo de Goffman por su metodología. Nos interesa el empleo de los datos a pequeña escala. Ese modelo con un enfoque dramatúrgico nos ayuda a comprender el mundo desde un ángulo diferente. Ese ángulo se aproxima a nuestra particular metodología de trabajo en la Experimentación Teatral. En segundo lugar, dentro de las ideas desarrolladas en *La presentación de la persona en la vida cotidiana*, la metáfora teatral es la red sobre la que sustentamos el inicio de nuestra investigación. Este comienzo se basa en encontrar el modelo dramatúrgico que nos ayude a explicar la relación entre el arte y la vida. Nos invita a explorar la aplicación de los parámetros teatrales en nuestro quehacer cotidiano. Es el inicio de las investigaciones relativas a la búsqueda de un modelo para generar estructuras contextuales sobre las que basar el arte y la vida: la aplicación entre lo teatral y lo cotidiano.

Despegamos nuestra teoría de la de Goffman cuando el autor obvia la práctica artística en sí misma; nosotros vamos a utilizar la metáfora teatral para capacitar nuestra práctica. El enfoque dramatúrgico que plantea la metáfora teatral de Goffman es un caparazón idóneo bajo el que comenzar a esbozar una estructura escénica que pueda aplicarse a lo cotidiano, a nuestro modo de estar en el mundo. ¿Qué fases sigue el método de Goffman? Vamos a verlas:

En primer lugar nos vamos a detener en el análisis de los espacios de encuentro que se desarrollan en su modelo dramatúrgico a partir de conceptos teatrales. Después desarrollará el concepto de *rol,* para explicar el modo en el que la persona vive su cotidianidad. En este punto establece una comparación entre el desarrollo de la creación de un personaje en la escena y el rol de la persona en la vida cotidiana. Por último, el lenguaje adquiere un papel fundamental en la teoría de Goffman dentro del análisis del orden social. Recordemos que su aproximación es a pequeña escala, a un nivel *micro*.

Cuando empecé a investigar a Goffman mi interés principal era el de ver la propuesta de su modelo dramatúrgico como comparativa entre lo que ocurre encima de las tablas y a pie de calle. De él extraje este concepto de *rol,* que se desarrollaba en la aplicación del modelo de análisis de prácticas culturales contemporáneas que propuse en mi Tesis Doctoral, *Lo posmoderno y sus símbolos en la escena de lo cotidiano: Matadero Madrid, escenario teatral de la cultura* publicada en la Universidad Complutense de Madrid en 2015. Aunque es necesario conceder importancia al lenguaje en la relación interpersonal, en la microsciología teatral vamos a otorgar una mayor relevancia a ese lenguaje no verbal. Va a ser él el responsable de determinar la relación que existe entre arte (espacio escénico) y vida (lo cotidiano).

La importancia del modo de proceder *micro* de Goffman es vital para alcanzar un mayor grado de detalle que nos permita profundizar en las situaciones que en los estudios generales, *macro*, se pierden.

A continuación, vamos a desarrollar algunos de los principales conceptos de Goffman que son útiles para entender tanto lo que él denomina «interacción social», como lo que representa su modelo dramatúrgico. Ambas ideas, unidas al concepto de *rol*, constituyen la base teórica de nuestra disciplina, la Experimentación Teatral.

Empezamos por la interacción social. La *interacción social* es el «fenómeno básico mediante el cual se establece, a posteriori, la influencia social que recibe todo individuo». El marco de estudio principal en la obra de Goffman relativo a la interacción social corresponde a aquellas conexiones que se crean entre los individuos mediante los encuentros sociales. La interacción es tomada como la unidad mínima fundamental de la vida social.

> Goffman: Creo que, para estudiar un objeto, hay que empezar por atacarlo frontalmente y considerarlo en su nivel como un sistema en sí mismo. Si bien esta actitud se encuentra en el estructuralismo literario contemporáneo, mi fuente de inspiración en este sentido fue el funcionalismo de Durkheim y de Radchffe-Brown. Basándome en ellos, traté en mi tesis de considerar la interacción cara a cara como una materia por sí misma y de sacar el término «interacción» del hoyo donde parecían dispuestos a abandonarlo por los grandes psicólogos sociales y sus epígonos patentados.

La interacción social como unidad mínima de estudio. Esta conexión se entiende como un intercambio simbólico regido por una serie de códigos que determinan las conductas de los individuos. Lo interesante es que podemos poner en el centro la propia acción y no al individuo. Así trabajamos con situaciones. Los individuos van a constituir el medio. De esta forma, vamos a entender a los ciudadanos como individuos que se relacionan en situaciones de intercambio simbólico de forma continuada.

Los intercambios, que en la segunda etapa de la obra de Goffman se enfocan sobre el papel del lenguaje, en este caso, son importantes en su dimensión no verbal. Nos van a resultar de utilidad en nuestra disciplina todos aquellos aspectos en los que intervienen el cuerpo, ya que vamos a defender una relación experiencial, no sólo de visualización, con el objeto de interacción.

De todos los órganos de los sentidos, el ojo tiene una función sociológica única. La unión y la interacción entre individuos están fundados sobre un intercambio de miradas.

En este punto nos distanciamos de Goffman, que basa la comunicación en un juego de miradas. En las sesiones de Experimentación Teatral vamos a poner en valor no sólo los juegos de miradas de los que habla Goffman, sino también vamos a entender la importancia de la interacción social. Esta interacción reside en el resto de los sentidos que implican al cuerpo con todas sus capacidades. Este se revela como la frontera entre nosotros, nuestra capacidad pensante y el mundo.

En nuestras sociedades contemporáneas, a pesar de la globalización, podemos aún observar las diferentes respuestas que se generan en unas culturas y en otras a la hora de resolver los mismos conflictos. Somos testigos de una interculturalidad que genera nuevas acciones que nos hacen reflexionar sobre los intercambios simbólicos y observar las diferencias en las acciones que desencadenan, desarrollan y resuelven conflictos.

Es de vital importancia entender cómo están codificadas estas relaciones para aproximarse adecuadamente a la constitución de las interacciones humanas determinadas por un contexto. Por este motivo, se señala dentro de la Experimentación Teatral y sus aplicaciones en la vida cotidiana, la importancia de entender bien los mecanismos que las rigen.

Apelando a la relación que se establece entre los grupos y el espacio (ambos ingredientes que componen el eje central de la interacción), nos encontramos con lo que llamaremos «sinergias espaciales». Pero ¿cuáles son las sinergias que generan los espacios? ¿Y qué relaciones se generan en ellos? ¿Cómo afectan ambos componentes en el orden de lo social? Como ya se preguntaba Goffman en sus observaciones de la realidad: «¿Cuál es la diferencia entre alguien divertido y un borracho? ¿Entre un chiste verde y un acoso sexual?». Esto es interesante para ver que inevitablemente existen códigos que todos barajamos, dependiendo de la situación, para establecer límites, para determinar si una interacción corresponde a una actitud u otra. Pero ¿sabemos establecer esos límites? ¿Cómo lo hacemos? ¿Son parámetros medibles?

Hemos determinado una serie de convenciones para regular estos comportamientos, pero ¿se pueden establecer?, ¿son válidos para evitar o subsanar conflictos? Las líneas entre unas conductas y otras son muy sutiles y han de ser determinadas por parámetros que podamos medir, entender y que nos ayuden a tomar decisiones adecuadas en relación a nuestras reacciones y a sus consecuencias.

Por último, tenemos que detenernos en el concepto de *marco* en la obra de Goffman:

> Los «marcos» permiten definir las situaciones de interacción y la estructura de la experiencia que tienen los individuos de la vida social: en realidad no se define sólo la significación de los episodios de la vida cotidiana, sino también el tipo de implicación requerido por ellos.

Esta idea de *marco* nos será de gran ayuda para hablar del contexto en las interacciones humanas. Estas interacciones son la base de nuestras sesiones, tanto para los ejercicios individuales, como para el trabajo en grupo y constituyen los elementos esenciales de las dinámicas de Experimentación Teatral donde vamos a atender a estas interacciones en tres niveles: con nosotros mismos, con el otro y con los entornos.

El modelo dramatúrgico

No podemos cerrar el capítulo de Goffman sin referirnos a su modelo dramatúrgico. Esa metáfora teatral que nos lleva a pensar el mundo como un gran escenario en el que nosotros, los ciudadanos que nos movemos por él, somos como actores que utilizamos diferentes máscaras para relacionarnos. El teatro constituye así ese modelo que nos permite entender la vida social. Es importante la diferencia que se establece, siguiendo el enfoque dramatúrgico, entre lo que ocurre en las tablas y lo que ocurre detrás del escenario, entre bambalinas. Esta idea es imprescindible para entender las coordenadas del espacio intersticial en el que propongo al lector situarse en la Experimentación Teatral. Ese *entre* que nos permite analizar ambas posiciones.

La consideración de los espacios de sociabilización y otros que intervienen en la composición de lugar de la interacción cotidiana, en nuestra disciplina, proceden precisamente de la idea de que el mundo no sólo es un escenario, como dice Goffman:

> El mundo no es sólo un escenario; ni tampoco el teatro lo es del todo. (Tanto si hay que organizar un teatro como una fábrica de aviones se necesitan espacios para aparcar los coches y guardar los abrigos, espacios que sería preferible que fueran reales y además estuvieran dotados de seguro antirrobo). Presumiblemente, hay que buscar siempre una «definición de la situación», pero por lo general aquellos que intervienen en esa situación no crean la definición, aun cuando a menudo se pueda decir que sus sociedades así lo hacen; normalmente, todo lo que hacen es establecer correctamente lo que debería ser la situación para ellos y actuar después en consecuencia. Es cierto que nosotros negociamos personalmente aspectos de todos los órdenes en los que vivimos, pero, una vez que se han negociado, a menudo continuamos mecánicamente como si la cuestión estuviera resuelta desde siempre.

Esta idea se traslada a los usos que se hacen de las situaciones, como concepto, en la Experimentación Teatral. En el encuentro entre los individuos no existe solamente el momento concreto de la interacción sino que es parte de la atmósfera de la experiencia todo lo que rodea a esa misma interacción. Como «los espacios para aparcar coches y guardar abrigos» a los que se refiere Goffman más arriba.

La articulación de análisis micro

> La sociología goffmaniana es una «sociología de recuperación» del material de la vida cotidiana de los escenarios habituales que los estudios macro-sociológicos descuidan, dejan de lado o ignoran. Es el «agua sucia» de la vida social [...], las incorrecciones imperceptibles, las acciones llenas de consecuencias negativas cuando no se cumplen las interacciones más mecánicas y habituales consideradas como el «polvo» de la actividad social.

El estudio de la microsociología es el que se sitúa «a pie de calle», dentro de lo que se considera «el ámbito de lo cotidiano». La relevancia de este tipo de enfoques es que se sitúa sobre el detalle:

> Las exigencias empíricas de la microsociología van más allá de una simple localización ilustrativa de las lógicas institucionales y de las casualidades estructurales. El análisis de los procedimientos por los cuales los actores sociales se ponen de acuerdo entre sí muestra que saben reconocer y juzgar con precisión las situaciones para definir cuáles son las conductas apropiadas. Dicho de otro modo, su experiencia social no se organiza sólo según el orden de las identidades y de los estatus si no también según un repertorio de situaciones que tienen su vocabulario y su determinismo, su espacio cognitivo de restricciones y de negociación.

La observación de lo cotidiano es, en sí misma, una técnica que podemos emplear como parte de una metodología de estudio *micro,* que se centra en entender los patrones que utilizamos de forma continuada en el día a día. Una vez que los hemos reconocido y reflexionado, entonces estaremos en disposición de poder entender su uso. Así la cotidianidad se va a convertir en la fuente que nos permita generar un modelo para entender las interacciones sociales.

Veremos qué clase de relación se establece entre lo cotidiano y lo intermedio para entender mejor los puntos de cercanía y distancia entre ambos ámbitos. La diferencia más primaria estriba en la perspectiva adoptada para la observación. Es decir, la cotidianidad del individuo no puede ser la misma que la del ciudadano, a pesar de que ambas confluyan en la misma actividad.

En cuanto a los roles y máscaras, vamos a tomarlas en comparación con la metáfora teatral que nos va a permitir poner en relación la creación de personaje (que lleva a cabo el actor en su preparación para la representación) con el ciudadano de a pie (que se convierte en intérprete de varios papeles). Hay una distinción entre actor y personaje. Entre aquello que separa la realidad de la ficción.

Las herramientas teatrales son utilizadas tanto en los ensayos como en las manifestaciones sociales contemporáneas. El interés de clarificar cómo se producen estas relaciones nos devuelve al modelo de Goffman que, como decíamos, nos permite observar, desde una metodología *micro,* la vida cotidiana. Gracias a esto, podemos establecer puentes entre esos momentos del día a día que configuran nuestra identidad y el trabajo de interpretación que ejecuta el actor en escena.

Pero ¿cuál es el modo a través del cual podemos expresar la identidad? Precisamente Goffman pone el centro de atención en el gesto como ese signo de la expresión. Y lo hace bajo tres categorías distintas:

Desde la *kinésica,* atendiendo a los movimientos corporales que ejecuta el individuo. Uno de los principales atractivos del teatro para quien se encuentra fuera de él es ver cómo se trabaja con las rupturas corporales, es decir, con ese uso del cuerpo fuera de lo cotidiano.

Desde la *proxémica,* que está relaciona con las distancias físicas. En apariencia, establecemos códigos de conducta que todos seguimos para que la interacción suceda. Si comparamos las distancias que mantenemos en los roles que ejecutamos en la vida cotidiana con las de los personajes que interpretan los actores en el escenario, empezamos a intuir que su identificación está relacionada con los contextos: ese decorado improvisado que es la calle, la oficina, el salón o la cama.

Por último, desde la *cronémica*, que atiende a la manera de entender, estructurar y utilizar el tiempo. El teatro es, sin duda, una de las artes que mejor controla los usos del tiempo. Pensemos en el ritmo escénico y reflexionemos, también, sobre cómo ha cambiado nuestra relación con el tiempo en los quehaceres cotidianos.

Pues bien, bajo estos tres parámetros —*kinésica, proxémica y cronémica*— la Experimentación Teatral y sus aplicaciones buscan hacernos atender de una forma consciente al presente; definir qué gestos asociamos a qué momentos; y, por último, nos hace ver cómo incorporar elementos escénicos a nuestra cotidianidad puede sernos de utilidad.

Como vemos, podemos encontrar similitudes entre la interpretación actoral y los papeles que representamos a diario. Y es que nos encontramos en un camino de doble sentido, porque será el actor, también, el que mire a su vez a lo cotidiano para desarrollar sus personajes encima del escenario. Esta simbiosis entre la vida cotidiana y las tablas es nuestro punto de partida en la metodología de la Experimentación Teatral que vamos a poder aplicar en determinados contextos del individuo: el personal, el social y el profesional.

Sabemos que para que se articule una vida cotidiana común, debemos regirnos por ciertas convenciones y códigos establecidos, tanto para que se produzca la comunicación con el otro como para encontrar nuestro modo de relacionarnos con los entornos, y que, al mismo tiempo, todo esto sea entendible por el otro. Pero estas conexiones no se establecen si no es gracias a un componente lúdico. El juego en la edad adulta es otro de los puntos para abordar. Es un concepto que se conecta con el tiempo dedicado al ocio y que en el actor vemos que se extiende a otros campos de su vida. Vamos a entender el juego como aquello que genera conexiones entre quienes participan de él. Podemos considerado una forma básica de relación en toda función cultural.

En las últimas décadas, la educación no formal ha atendido a la necesidad de una función cultural básica en nuestras sociedades. Esa unión entre la cultura y lo lúdico resulta fundamental para el desarrollo del individuo y de los proyectos que este realiza. El desarrollo de estas actividades suceden en los *espacios intermedios,* lugares idóneos para que esos momentos sucedan porque están abiertos al cruce y al intercambio de ideas y posiciones.

Un espacio intersticial: la Experimentación Teatral

La Experimentación Teatral es un conjunto de técnicas aplicadas desde las artes escénicas y el entrenamiento actoral: Grotowski y Lecoq, la Antropología teatral de Eugenio Barba, el Teatro del Oprimido de Boal y otras metodologías que intervienen en el proceso interpretativo, además de aquellas disciplinas relacionadas con el trabajo del cuerpo y su tratamiento, tanto en Occidente como en Oriente. Este conjunto de ejercicios utilizados en el entrenamiento actoral se aplican a la vida cotidiana. Vamos a entender por «vida cotidiana» tanto la profesional como la personal. La puesta en práctica de estas dinámicas, con una finalidad no exclusivamente artística tal y como sucede en el teatro, nos ayuda a entender los códigos de la comunicación. De este modo, adquirimos nuevas herramientas que nos van a permitir tener un mayor control tanto físico como emocional de nosotros mismos.

Algunos de los beneficios fundamentales de iniciarse en uno de estos procesos de aprendizaje son, por un lado, un desarrollo personal que conlleva un aprendizaje en distintos ámbitos de nuestra vida cotidiana, especialmente, en aquellos ámbitos atentos a conocer nuestro cuerpo y sus alarmas. Por ejemplo, vamos a poder identificar qué gestos desencadenan qué reacciones y que son expresión de nuestras emociones. Con esa

31

identificación, estaremos en condiciones de prevenir o, al menos, conocer cómo se repiten las situaciones en el tiempo. Por otro, esta anticipación, nos va a permitir gestionar esas habilidades emocionales en nuestras interacciones sociales.

Podemos establecer una cadena entre los *microgestos*, como los denomina Paul Ekman. Esas pequeñas y casi imperceptibles muecas o gestos intermedios que desvelan nuestra reacción primaria ante ciertas situaciones y que podemos amplificar o disimular con un gesto que oculte esa reacción. Los gestos en sí mismos, que son los que estudia Goffman, nos ayudan a leer en el otro sus emociones y pensamientos, y en nosotros mismos son el código de expresión por excelencia. Podemos decir, entonces, que un conjunto de gestos que no implican solo el rostro van a constituir una reacción que puede ser más o menos intensa o duradera en el tiempo. Todo nuestro cuerpo va a estar implicado. De esta forma, un conjunto de reacciones alternadas entre dos o más individuos es lo que vamos a denominar «interacción social». Esas interacciones suelen estar marcadas por convenciones sociales: modos de saludar, modos de mostrar afecto o repulsa... todas ellas resultado de acuerdos entre comunidades humanas para poder relacionarse socialmente.

Pero el espacio que nos concede la Experimentación Teatral es un lugar destinado al juego, un espacio «seguro», alejado de distracciones y juicios ajenos y propios. Las personas que participan de estos entornos se encuentran fuera de las constricciones y encorsetamientos sociales, fuera de lo que se espera de ellas y alejadas de los juicios que se emiten y se reciben. Desde nuestra metodología, recordemos que basada también en los conceptos de la Antropología teatral de Barba, ponemos el foco en lo físico para entender lo emocional. De este modo, trabajamos desde una visión concreta del cuerpo entendiéndolo como un recurso que trabaja a nuestro favor para expresar y recibir estímulos.

La confluencia de dos visiones de lo escénico: hacia una síntesis de binomios conceptuales

Como hemos visto en estas páginas, tanto Goffman como Barba han salido más allá de sus respectivas disciplinas intentando explicarse a sí mismos para atender sus situaciones particulares. En el caso de Barba buscando en las Ciencias Sociales modos de entender el teatro para llevarlo al campo del entrenamiento actoral y en el caso de Goffman, entendiendo la interacción social desde quien estudia de una forma minuciosa la vida cotidiana con el fin de recrearla. El paso adelante que da la Microsciología Teatral es el de situarse en un espacio intersticial. Nuestra posición desde esta metodología no es la de salir a explorar conceptos para volver a nuestra posición original. La exploración que hacemos nosotros no busca encontrar la solución a nuestra disciplina en otras, nuestro *espacio intermedio* pretende tener una posición poliédrica y multidireccional.

a. Lo simbólico como eje de la interacción social

La Experimentación Teatral se mueve entre dos polos, el de las artes escénicas y el de la cotidianidad, que tiene como nexo de unión lo simbólico, como el eje de las interacciones sociales de las que participamos a diario. Si nos detenemos en el teatro, vemos que está compuesto por una estructura de códigos configurados como signos, señales y símbolos que pueden encontrarse en diferentes registros. En primer lugar, en el cuerpo —el del actor que representa. También pueden encontrarse en objetos, el *atrezzo* presente en el escenario o el propio espacio. Vemos que el símbolo está presente en todo lo relacionado con la representación teatral. Pero ¿qué ocurre con la vida cotidiana? En ella, ¿dónde encontramos lo simbólico?

Podemos establecer una diferencia entre lo escénico y lo cotidiano atendiendo la generación de estos símbolos y, al mismo tiempo, encontrar una similitud, al menos aparente, en la disposición de los elementos que componen una escena, tanto teatral como cotidiana. Es decir, en el teatro una puerta puede ser concebida con un sentido utilitario para dar entrada y salida a los personajes, pero también puede utilizarse como un símbolo que representa, por ejemplo, las ansias de libertad. Este empleo de lo simbólico en la vida cotidiana está presente, pero de un modo más diluido. Hay presencia de símbolos, algunos de ellos necesarios para la supervivencia —pensemos, por ejemplo, en los colores de los semáforos—, sin embargo, nos cuesta más encontrar en lo cotidiano esas referencias poéticas que sí reconocemos en el ámbito artístico.

El teatro como realidad significada es un símbolo en sí mismo, tal y como defienden autores teatrales como Grotowski o Barba. Desde el momento en que el actor se sitúa frente a un público, la escena se convierte en una representación de la realidad. El actor es un productor de significaciones, de referencias a lo real. Es un generador de signos tanto propios del personaje que representa como del espacio escénico y el contexto que se nos muestra. Aunque también trabaje con elementos que significan desde su propia literalidad. Esa literalidad se hace patente tanto en forma como en uso. Rescatemos el ejemplo de la puerta anotado más arriba.

La importancia de la construcción de códigos en el teatro es crucial. El teatro, recordemos, es un código en sí mismo que genera convenciones. Estas han de ser entendidas e interpretadas por el público para que exista una verdadera comunicación entre la escena y el patio de butacas. La propuesta de juego que nos ofrece el director, con su lectura de la obra, y que es defendida por los actores y el equipo artístico y técnico, es en sí misma el código que se nos va desvelando desde el momento en que entramos a la sala de teatro.

A finales del siglo XIX en el teatro, bajo el movimiento simbolista, surge un tipo de representación que se aproxima a la idea de lo sagrado. Al público se le ofrece, en cada representación, un trocito de lo sagrado, ya que el actor no es visto como un intérprete sino como un mediador más cercano a la figura del chamán. Hay una búsqueda, ya desde el propio texto escrito, hacia lo extracotidiano, es decir, al uso simbólico fuera de lo cotidiano, de los elementos escénicos que se encuentra en escena. Podemos definir así, desde este parámetro, el teatro como un ritual: la entrada a un espacio sagrado en el que por convención nos encontramos un patio de butacas enfrentado a un escenario. Un público que por respeto a un trabajo guarda silencio y atención. Un elenco que defiende la visión de un texto creando un sistema que permite establecer actos de comunicación. En cuanto a esta construcción espacial tradicional, hemos ido viendo cómo en las manifestaciones culturales actuales se diluye la línea que divide púbico y escena al plantearse rupturas de las convenciones tradicionales teatrales: eliminación de la cuarta pared —mirando e incluyendo al espectador en la representación— así como de las disposiciones espaciales que no enfrentan al que representa con el que mira. Aunque estos factores pueden ser variables a tener en cuenta, el esquema básico será siempre el mismo: un cuerpo frente a otro comunicándose. Este factor es común a todos y cada uno de los tipos de representaciones. En el teatro, lo simbólico es imprescindible, es con aquello con lo que juegan los elementos escénicos para comunicarse con el espectador.

b. Juego, drama y vida cotidiana

Retomemos el concepto de lo lúdico desde esta perspectiva de «intercambio de símbolos» y pongámoslo en relación con el «juego» en la edad adulta. ¿Cuáles son las relaciones que se establecen entre cultura y juego en el intercambio simbólico?

El juego es parte de la vida. Así lo define la Psicología, que lo considera como una parte fundamental en el desarrollo de la infancia. El juego aparece en la vida de la persona alrededor de los dos años, cuando la psicomotricidad ya se ha desarrollado. El juego ayuda, por un lado, a adaptarse al medio y, por otro, a desarrollar la inteligencia.

Se da una relación casi natural entre la cultura con el juego. Hay autores que nos llegan a decir, incluso, que el juego más antiguo es la cultura. Además vemos que esa cultura, ese juego, no parte sólo de la razón humana sino que también lo encontramos en el reino animal. Ellos, los animales, que no nos han esperado para aprender a jugar se relacionan entre los individuos de su comunidad siguiendo ciertas reglas y patrones de conducta. Sobre estos comportamientos tiene mucho que decir la etología, que declara el juego como natural e innato, en el caso de los animales. Todo juego en el ámbito de lo natural, por tanto, significa algo. Esta aportación es fundamental para comprender nuestro entorno y condición humana híbrida. Dicha condición es la que nos define, por un lado, como animales —individuos pertenecientes al reino animal— dotados de instintos y respuestas automáticas; y, por otro lado, como seres de naturaleza social —parte cultural en nosotros que no es una conducta innata sino aprendida.

Con el fin de preservar esa capacidad de juego que en ocasiones, durante la edad adulta, parece perdida es importante mantener el carácter lúdico de las actividades en estas edades. El entretenimiento en la vida adulta constituye la evasión de la faceta laboral y la expansión de la personalidad. Una de las características de esos espacios de juego en la edad adulta es la libertad que viene implícita en la propia actividad. Siguiendo a Patrice Pavis, el juego puede ser definido como una actividad libre, sujeta a ciertas reglas y separada de la vida cotidiana. Y, desde luego, como adultos disfrutamos de estos reductos de libertad sin juicios ni prejuicios se quedan fuera de las pautas que seguimos en otros espacios sociales.

En la edad adulta muchas veces los juegos, o mejor dicho los componentes lúdicos de la vida cotidiana, se limitan a los deportes, a los espacios destinados al recreo y al ocio o los juegos de mesa, rol, etc. Pero el juego no se limita solo a estos espacios, porque ocupan, además, una faceta dentro de la vida laboral, es decir, hay juego en los negocios, en la política y en otras muchas disciplinas profesionales. También se usa el juego como herramienta para el aprendizaje, utilizado en actividades para trabajar la memoria o aprender nuevos idiomas. El juego puede ser usado como terapia o dentro de ciertos programas que fomentan el crecimiento personal, bien sea emocional o intelectual. Otro campo lúdico lo encontramos en el deporte. A medio camino entre entretenimiento para unos y profesión para otros, el deporte presenta, como el arte escénico, una doble vertiente: por un lado, una concepción lúdica, terapéutica y transmisora de ciertos valores y estilos de vida que implican un entrenamiento físico; y, por otro, un ámbito profesional. En la mayoría de las artes: el teatro, el cine o la música —todas aquellas que implican procesos creativos para generar resultados—, el juego es parte fundamental. En algunos países el hecho mismo de actuar se define con la palabra «jugar» —*play* en inglés o en *jouer* en francés—. Augusto Boal en *Juegos para actores y no actores* nos habla de un Teatro del Oprimido en el que nos define a todos como actores:

> El Teatro del Oprimido es teatro en la acepción más arcaica de la palabra: todos los seres humanos son actores, porque actúan, y espectadores, porque observan. Somos todos espectadores. El Teatro del Oprimido es una más entre todas las formas de teatro.

Hablar de juego remite, din duda, a la idea de felicidad, al concepto de disfrute. Asociamos el conjunto formado por espacio y normas del juego como un tándem para «pasar un buen rato». En este sentido, siguiendo la idea de juego dentro del teatro, nos encontramos con dos dimensiones para esta idea: un teatro para entretener, para aquello que decía Lorca que era «matar el tiempo», y un teatro que se convierte en una herramienta de cambio, que nos ayude a pensar y a pensarnos.

El teatro puede ser el utensilio que permita el crecimiento y el carácter crítico de nuestra sociedad a varios niveles. Se entiende este crecimiento como una mirada no sólo del presente sino como un camino hacia el futuro. Es un ver lo que nos rodea y un vernos a nosotros mismos. Esta es una de las líneas principales de la Microsociología del teatro que nos permite desarrollar esta premisa de un teatro para la vida cotidiana.

c. Lo cotidiano y el arte escénico

La experiencia de lo cotidiano es vivida por cada hombre desde que se levanta hasta que se acuesta, incluso mientras duerme. El ámbito de lo cotidiano abarca lo doméstico, el hogar, los grados de intimidad propia, las relaciones con otros, etc. Es indiscutible que la experiencia de lo cotidiano supera a cualquier otra, aunque en ocasiones peque de rutinaria, las pasiones ordinarias son fundamentales en el desarrollo vital. Son increíblemente sorprendentes los ritos y ceremonias que transcurren a lo largo de un día. Hay una serie de rituales que son parte de nuestra dimensión colectiva. Funcionan como entes culturales a nivel grupal y son los que nos hacen ser quienes somos. De lo cotidiano aprendemos, con lo cotidiano vibramos, sentimos, nos emocionamos. En definitiva, nos conformamos. De lo cotidiano también aprende el actor, porque existen diferencias entre el teatro y la vida: la persona no es el personaje que interpreta y la mímesis, la convención de que lo que está viendo el público, es puro artificio.

La vida está en la calle. El intérprete utiliza las veinticuatro horas del día en su trabajo como actor. Así aprehende su personaje. Todo es fuente de inspiración para su trabajo: la forma de andar de alguien anónimo por la calle, una comida con los amigos, la mirada de un mendigo... Porque el teatro consiste en encarnar a otra persona —personaje—, la mímesis tiene que ser lo más real posible. A esta búsqueda del personaje, el actor suma un texto a través del cual, y mediado por un buen análisis no solo de lo que él dice sino de lo que dicen otros personajes de la obra o, incluso, lo que no se dice —el subtexto—, se aproxima a conocer a su personaje.

Pero una persona no es solo lo que dice y lo que subyace a lo que dice sino que el actor cuenta con la herramienta más importante a su alcance, su propio cuerpo. Su cuerpo ha de convertirse en otro; esta transformación es fundamental, puesto que es el cuerpo el medio, la frontera, la linea que nos separa y nos comunica con el mundo exterior y los otros. Por tanto, el trabajo de una postura, una forma de moverse, un ritmo es imprescindible para recrear otro yo distinto a mí. Como propone Brook en su idea de teatro:

> ... situación básica (física) de lo escénico: la de un ser humano que mira el cuerpo de otro ser humano que actúa frente a él.

Es clara, así, la relación entre el actor y el personaje ya que se funden en la misma persona. La diferencia superficial está en la máscara que utiliza o tras la que se esconde; la que le sirve como herramienta para dar vida al personaje en la escena. Son muy interesantes los momentos de transición en los que la persona se transforma en personaje, momento en el que juegan un papel importantísimo todos los elementos escenográficos, de vestuario, *atrezzo*, maquillaje... que acompañan a la persona en ese proceso. Una metamorfosis aparentemente imposible si no entra en juego la magia del teatro. Ritual y ceremonia donde el espectador también sufre una transformación.

Todos estos rasgos físicos y psíquicos conforman el trabajo del actor, que es, sin duda, apasionante y está lleno de matices filosóficos. Este ejercicio de interpretación nos enseña mucho acerca de nosotros mismos y, por extensión, de la esencia del hombre.

Simulacros y convenciones en la sociedad posmoderna

El término «posmoderno» designa todo aquello que se relaciona con el periodo posterior a la Modernidad. La posmodernidad aterriza después de las vanguardias, esos movimientos artísticos del siglo XX que lo cambiaron todo al romper las normas de lo establecido hasta entonces. Con la llegada de la posmodernidad, nos situamos, entonces, en un mundo regido por una ética y unas relaciones sociales que siguen un modelo diferente al establecido.

La posmodernidad, a grandes rasgos, se va a caracterizar por la exaltación del individualismo y la libertad. La primacía de la imagen sobre los discursos determinará el lenguaje imperante que va a transformar los cauces de la expresión y la comunicación. Como consecuencia de estos cambios, aparecen nuevos modelos de diálogo que privilegian lo visual y lo táctil sobre el discurso y las ideas. Además de nuevos valores que responden a ideas capitalistas dentro de lo político que van a determinar tanto las relaciones económicas como las sociales.

El desencanto político y la crisis económica generaron un nuevo tipo de solidaridad en nuestras sociedades, nuevos modelos de entender lo colectivo que apuestan por una sociedad participativa que activa conductas colectivas. Un despertar de las comunidades y de las individualidades, a partes iguales, que buscan repensar las estructuras y que establecen límites a una era de consumo que ha marcado el pulso de nuestra sociedad.

La tecnología y su uso no solo ha cambiado los modos de relacionarnos, también ha supuesto un punto de inflexión que nos hace repensar nuestra relación, como ciudadanos, con las instituciones y sus estructuras. El acceso a la información ya no es único, se ha amplificado a través de espacios en los que el ciudadano está destinado a experimentar y vivenciar. Espacios en los que se desarrolla la construcción de la identidad a través de experiencias interdisciplinares. Pero el hecho de tener acceso directo y continuo a la información no significa que la comprendamos, ni que seamos capaces de ser críticos y saber interpretarla. De algún modo, en la era de la información y la comunicación, nos encontramos más aislados que nunca. Seguimos necesitando lo colectivo, ese sentimiento de pertenencia a un grupo, tal y como demostramos, por ejemplo, con el uso y abuso de las redes sociales, pero al mismo tiempo, huimos de la idea de familia como se ha entendido tradicionalmente. Este tipo de ideas nos enfrentan con una serie de paradojas de las que somos partícipes todos los ciudadanos. Somos colaborativos como conjunto en nuestras sociedades, pero, al mismo tiempo, nos volvemos cada vez más individualistas.

Cuando pensamos en las relaciones y las conexiones que establecemos es fundamental que podamos tener acceso en profundidad a los mecanismos que las activan, las modifican y las definen para poder hablar de esas genealogías de lo que somos y de lo que hacemos. Aquí es donde interviene de forma directa el arte y sus manifestaciones que son generadoras y encargadas de definir los símbolos.

La comunicación, como interacción simbólica que participa de este código, también se sirve del arte, aunque de forma específica, a través de los conceptos escénicos de *aquí y ahora* distanciados de códigos de artificio, pero compartiendo información a través de un cuerpo que se encuentra ante un semejante y con el que crea poéticas. En estas interacciones comunicativas se trabajan aspectos físicos, psicológicos y emocionales. La simbiosis entre espacios, objetos e individuos van a generar un triángulo fundamental para entender quiénes somos hoy.

Todas estas características, que definen la Posmodernidad y que configuran nuestra identidad individual y nuestras sociedades, también han cambiado las simbologías y las referencias que nos definen. Ha sido el arte el que nos ha permitido ver el reflejo de quiénes somos. A través de prácticas artísticas con modelos participativos inclusivos, el arte ha buscado acercar al creador y al espectador, consiguiendo con esto que el espectador se convierta en creador, ejecutor, de sus propias experiencias.

En el marco de la posmodernidad, el ciudadano se encuentra ante una multiplicación de las actividades que lleva a cabo diariamente. Cada actividad, o conjunto de actividades, lleva asociada un rol y una máscara. Goffman va a diferenciar esas máscaras de lo que denomina *self*, que corresponde a lo que realmente somos, aquello de nosotros mismos que nos configura y está presente en todas las facetas de nuestra vida. La vida, no solo real sino también virtual, es la que nos ayuda a generar diferentes roles, a reinventarnos a diario. Es importante entender cuál es el contexto —qué lo hace posible— en el que se desarrollan estos cambios y representaciones de lo que somos y que se integran en una sola una multiplicidad de identidades.

Hoy en día, el ciudadano de a pie se parece cada vez a un intérprete. Una mujer es madre, hija, esposa, profesional de su trabajo, etc. En un tiempo anterior a lo posmoderno, estas líneas divisorias estaban más claras porque no participábamos de estos lenguajes híbridos; no estábamos sometidos a tantas transformaciones y cambios, a tantas exigencias para adaptarnos continuamente. La mayor parte de los roles que interpretábamos antes nos integraban, sin embargo, hoy nos fragmentan y no paramos de generar perfiles de lo que somos y lo que no somos.

El binomio actor-personaje debe tener su correlación en la idea de realidad-representación, que es la vivencia cotidiana del trabajo actoral. Asumimos que vivimos en una dualidad constante entre lo que realmente somos y aquello que mostramos. Y que esa dualidad muestra una u otra cara dependiendo del contexto en el que nos situemos en cada momento. Veremos más adelante qué propone con respecto a esto la Experimentación Teatral. Para ello, ¿en qué parámetros es observable esta vivencia entre lo que somos y lo que representamos? Los componentes del hecho escénico nos van a permitir explicar este fenómeno en profundidad. La correspondencia entre vida cotidiana y representación se establece en términos metafóricos. La clave está en entender la ciudad como un gran decorado en el que nos movemos, en tomar los *espacios intermedios* como teatros, laboratorios en los que se generan estas manifestaciones culturales, que no son más que pequeñas piezas teatrales.

Las relaciones entre espacio y ciudadano son simbióticas, es decir, no son solo las sinergias del espacio las que son capaces de intervenir en el ciudadano sino que este, con el bagaje de su experiencia modifica también el contexto. Hay algunos elementos importantes dentro del arte dramático que configuran las identidades de los personajes. Ademas de los espacios, encontramos una serie de elementos externos —desde el vestuario hasta el *atrezzo* pasando por la caracterización— que son los que en un primer momento nos van a explicar, desde la apariencia, quién es ese personaje. Esto lo podemos aplicar a lo que nos sucede cada día en nuestro ámbito cotidiano.

El *vestuario teatral* nos sirve para establecer una correspondencia directa entre la ropa que vestimos —y que da indicios de quienes somos— y las condiciones sociales y económicas de las que participamos, y las actividades que llevamos a cabo. En cuanto al *atrezzo*, vamos a considerarlo en nuestra cotidianidad como todos aquellos objetos que estamos utilizando dentro de nuestro espacio escénico, en nuestro caso, el decorado lo conforma la ciudad y el entorno en el que nos movemos. Y por último, hablábamos de la *caracterización* que está compuesta por el maquillaje, la peluquería, y todos aquellos efectos que también definen y acompañan a los dos elementos anteriores. Esta encarnación de personajes supone la construcción de una imagen constante, que parte de nuestra transformación desde lo más externo y relacionado con la apariencia, hasta llegar al punto más esencial, donde se articulan nuestros discursos y se configura nuestra identidad.

De este modo inmediato, que no es el único, pero sí el primero, se establecen las coordenadas de quiénes somos y de cómo nos presentamos a nosotros mismos.

Esta apariencia que ofrecemos como parte visible al otro, es el primer paso de la interacción social.

Capítulo 2

A.- Elementos que intervienen en la experimen-tación teatral

En este apartado vamos a hacer un recorrido por cada uno de los elementos que se trabaja en las sesiones de Experimentación teatral. El cuerpo, la voz, las emociones, la confianza, la concentración, la imaginación, la simulación, la evaluación y el archivo son elementos a priori dispares, pero van a constituir nuestra fuente de trabajo. Por este motivo, es muy importante conocerlos bien y entender la aplicación que van a tener en nuestro proyecto de Experimentación teatral.

Empezamos conociendo los ingredientes de la receta. Las cantidades y los procesos de cocinado vendrán más adelante.

1.- El cuerpo

El cuerpo —entendido en nuestro proyecto como la frontera y el elemento de contacto con el mundo exterior e interior— es fundamental. Con las técnicas que vamos a aplicar en esta metodología vamos a aumentar nuestras capacidades moto-ras, vamos a aprender a tomar conciencia de nuestro propio cuerpo, del espacio en el que este cuerpo se desplaza y de las relaciones que se establecen entre ambos.

Comprometida con estos fines, propondremos una línea de ejercicios que nos va a permitir escuchar lo que ocurre a nuestro alrededor, ganar capacidad de equilibrio, saber compensar el espacio de un modo natural. También nos va a ayudar en la aplicación y experimentación en nosotros mismos de las leyes de la proximidad, el trabajo de las neuronas espejo, el concepto de kinesfera y otros conceptos relacionados. Todos ellos nos van a ser de gran utilidad para la comprensión del espacio, así como para entablar relaciones con el otro y con el entorno.

En la naturaleza, los bancos de peces, las hormigas o las abejas son buenos ejemplos de esto que vamos a trabajar. Si nos fijamos, nos daremos cuenta de que todos ellos se organizan en relación al espacio que ocupan y que comparten sus cuerpos en un flujo de movimiento común. En nuestra vida social es algo que también nosotros hacemos de forma espontánea cuando estamos, por ejemplo, en una manifestación o cuando paseamos entre una multitud de personas en una gran ciudad. Tenemos automatizados ciertos movimientos y no nos paramos a pensar cómo y cuándo debemos dar el siguiente paso. El trabajo sobre la conciencia del movimiento nos va a permitir reflexionar sobre nuestra relación con el espacio.

2. La voz

Estamos muy acostumbrados a utilizar el lenguaje hablado para comunicarnos y entendernos o hacernos entender, aunque muchas veces es el lenguaje corporal, el no verbal, el que dice más de lo que nos gustaría y el que nos hace interpretar señales en el comportamiento del otro.

La voz que conocemos y reconocemos como nuestra es una combinación de nuestras capacidades naturales y factores adquiridos. Por este motivo, la Experimentación teatral nos va a ayudar a trabajar en la búsqueda de nuestra propia voz, no aquella que nos hemos ido construyendo con el tiempo.

Los elementos de los que nos valdremos para trabajar la voz serán la respiración y la relajación.

Una vez que conozcamos cuál es la dinámica de la respiración —a través de ejercicios trasladados de las prácticas del pranayama en yoga— y comprendamos cómo se genera el sonido por vibración, estaremos en disposición entender mejor nuestra voz y su funcionamiento. Y, lo más importante, la podremos utilizar como instrumento.

Para la relajación, acudiremos a técnicas de desarrollo de la imaginación que nos va a permitir conocer el estado de nuestra voz —en muchos casos, pasamos de una voz extrangulada a una voz calmada y relajada. Así como nos permitirá utilizarlas según la ocasión, porque conoceremos los mecanismos de cada una de ellas—. De este modo, comenzamos a introducirnos en la última línea de ejercicios con la capacidad de conocer bien nuestro aparato vocal y de controlar su utilización.

Gracias a la Experimentación teatral vamos a entrar en una dinámica libre de prejuicios que nos permita encontrar otro yo que se relaciona con lo sonoro, la interpretación de personajes y que nos deje jugar por el mero hecho de divertirnos.

3.- LAS EMOCIONES

Las emociones, y sobre todo su gestión, es muy necesaria, tal y como venimos viendo a lo largo de estas páginas. Todos los conceptos que se trabajan en esta metodología han de considerarse sumativos, aunque bien es cierto que nos será mucho más útil haber trabajado ya módulos relativos a la espacialidad, la voz y el cuerpo antes de adentrarnos en el interesante mundo de las emociones y cómo gestionarlas.

Estos elementos son los estímulos físicos que nos van a permitir encontrar habilidades específicas para la buena gestión de nuestras emociones.

En un lenguaje coloquial decimos «contar hasta diez», «pensar antes de hablar» y otras expresiones similares para refrenar o boicotear nuestras emociones. En el arte escénico, sin embargo, el trabajo de interpretar pasa por tener que controlar y pasar radicalmente de unas emociones a otras. Y en ocasiones desde emociones muy intensas. En la vida cotidiana, los arcos no son tan fáciles de transitar, sobre todo en la edad adulta. Si miramos a la infancia, el arco de emociones está íntimamente relacionado con la vivencia radical del presente. Si un niño está jugando y se cae haciéndose daño, en su cabeza de niño no existe otra cosa que el dolor que siente en ese momento, pero si al instante lo calmas con un trozo de chocolate, el presente inmediato va a estar marcado por el placer de lo dulce, olvidándose del instante anterior.

La misión de la Experimentación teatral no es la de juzgar los estados de ánimo, sino darnos el impulso y el conocimiento de las herramientas que nos permitan gestionar, de un modo adecuado, lo que sentimos, con el fin de ayudarnos a entendernos mejor y poder así actuar consecuentemente.

Para ello, vamos a encontrar de la Experimentación teatral ejercicios de muy diversa índole. Desde aquellos que nos permitan reconocer emociones, tanto propias como ajenas, hasta el desarrollo completo del arco de una emoción concreta para poder reconocer en nosotros mismos, y en los otros, determinados signos que se identifican con emociones específicas con el fin de relacionarnos de una manera clara y sencilla.

4.- La confianza

Desde que nos levantamos por la mañana y saltamos de la cama tenemos que tener la certeza de que el mundo no va a desplomarse, de que el suelo que está bajo nuestros pies no va a desaparecer.

Esta manera de vivir sin pensar que estamos abocados a la muerte, esta confianza que necesitamos en la relación con nuestro entorno, también debemos tenerla al comunicarnos con el otro.

En esta ocasión, la adquisición de las herramientas que nos hacen falta para confiar en el otro, va a ser la clave para tener una relación sana y adecuada con los otros y con el entorno. Para ello, vamos a realizar actividades que nos permitan ganar confianza partiendo de lo físico hasta llegar a lo emocional y lo espiritual —aquí es importante destacar la implicación de todos los participantes, ya que si cada participante no ejecutan su trabajo, el resultado final podría resentirse—; generaremos grados y niveles de confianza y la pondremos en relación con la que depositamos en nuestros semejantes en diferentes entornos de nuestro día a día.

5.- EL ESPACIO

Ya hemos hablado del espacio y la espacialidad cuando nos referíamos al cuerpo, porque en la metodología que aplicamos son conceptos que no pueden entenderse de forma separada. De este modo, vamos a trabajar una conciencia del espacio (cuerpo en una posición) que nos permita interaccionar con los entornos (cuerpo en movimiento). Y lo vamos a hacer a través de una serie de pautas y patrones de movimiento. Estos movimientos podrán tener una intención determinada —para experimentar los diferentes modos de desplazarnos por el espacio— una vinculación con las emociones puestas en juego, una interacción con el otro, etc.

Será necesario trabajar aquí con las sensaciones que apelan directamente a nuestros sentidos. Así que vamos a trabajar con las atmósferas, experimentando, por ejemplo, cómo es moverse en el agua o ser arrastrados por una corriente de aire o si nos encontramos atrapados en un cenagal...

6.- La concentración

Constituye una parte fundamental para nuestro propio desarrollo y el de las actividades que realizamos como individuos, tanto solos como en colectividad. La idea de la concentración está estrechamente ligada a la idea de «foco», es decir, poder poner la atención en un solo punto —con independencia de lo que pueda estar sucediendo a nuestro alrededor— y, al mismo tiempo, sin perder esa concentración en el punto fijado, ser capaces de no perder de vista lo que sucede en el entorno. Esta capacidad de concentración que se desdobla, teniendo en cuenta el foco, pero sin perder la conciencia del contexto y la relación con el entorno, va a ser muy importante. Pensemos que de este modo reconocemos a un conocido entre una masa de un millón de personas porque somos capaces de seleccionar, de «focalizar». En la Experimentación teatral vamos a trabajar con ejercicios que puedan tanto hacernos entrar y salir de forma inmediata de estados de concentración como mantenernos concentrados en actividades internas y externas. De este modo, vamos a ser capaces de suspender la conciencia, de aislar estímulos, de concentrarnos en situaciones concretas, etc. Todas estas van a ser herramientas de gran utilidad en entornos laborales, personales o sociales.

Vamos, además, a ejercitar la concentración en actividades de manera individual, pero también lo haremos de forma colectiva, lo que nos va a permitir generar sinergias que posibiliten la resolución de conflictos colectivos tanto en la vida profesional como en la cotidiana.

7.- LA IMAGINACIÓN

Sobre la imaginación podemos decir que va a ser la habilidad que nos va a impulsar a descubrir el mundo como cuando éramos niños. Debemos recuperar esta herramienta para poder abordar las situaciones a las que nos enfrentamos a diario y la desarrollaremos en comunicación con el resto del programa de Experimentación teatral. Si bien es cierto que con el paso de los años perdemos la capacidad de asombrarnos y de jugar, desarrollar actividades tanto físicas como cognitiva que nos conecten directamente con quiénes somos y con nuestra creatividad es un ejercicio que podemos hacer para conectar con nuestras capacidades imaginativas. Lo que nos conduce directamente al siguiente bloque, el de la simulación.

8.- LA SIMULACIÓN

La simulación es la parte del programa y la metodología que más se aproxima a lo que vamos a vivir como real en nuestro día a día y que va a completar tanto los pasos anteriores como el propósito último de todo el proceso. Ayudada por todas las habilidades anteriores, nos va a permitir aprender mecanismos de acción /reacción propios y ajenos que nos darán la clave para entendernos a nosotros mismos y a los otros en situaciones reales determinadas.

Ver a otros en nuestra misma situación para tener otras perspectivas, desarrollar la empatía y tener la capacidad de experimentar otros roles que no son solo el nuestro constituye un compendio de las habilidades puestas al servicio de la simulación para conocernos a nosotros mismos, reconocer situaciones, entender las reacciones del otro, revisar los entornos en los que nos movemos, etc.

Para llevar a cabo esto va a ser importantísima la escucha, fomentar la intuición de forma activa y, por supuesto, el desarrollo de nuestra capacidad de intervención, no solo cuando estemos improvisando, sino también cuando seamos parte del público.

La simulación es, por tanto, el colofón de la experiencia vivida en todo el proceso que nos va a devolver, de algún modo, a la realidad de nuestra cotidianidad y de nuestro quehacer en los ámbitos de lo personal, lo social y lo profesional. Nos va a hacer crecer y reflexionar sobre quienes somos, sobre nuestros comportamientos y sobre la dinamización de los entornos en los que nos movemos.

9.- La evaluación

Esta parte atañe tanto al alumno como al docente, ya que ambos van a utilizarla para poder dar validez al conocimiento. La evaluación de la puesta en marcha de nuevas experiencias y aprendizajes es importante en una doble vertiente:

Por un lado, para el docente que puede así comprobar la eficacia de las enseñanzas impartidas. Y, por otro lado, para el alumno como herramienta para constatar la eficacia del aprendizaje en las áreas de su vida que ha trabajado con el método de Experimentación teatral.

La principal herramienta que propone la Experimentación teatral como ejercicio de evaluación es responder a la pregunta: «¿Cómo estás?». Esta sencilla e ingenua pregunta nos va a conectar con nosotros mismos y con el resto y va a consolidarse como un modo efectivo para conocer nuestro estado anímico al inicio y al final de cada una de las sesiones del proceso. De esta manera directa, podremos conocer la utilidad de los ejercicios realizados de manera inmediata.

10.- El archivo

Es considerada la última parte del proceso de aprendizaje que nos permite conservar de forma adecuada lo aprendido para poder revisarlo cuando sea necesario.

El vídeo como herramienta es increíblemente útil cuando se trata de procesos de aprendizaje que implican el cuerpo. Es una manera de tomar notas sin darnos cuenta. Suelo grabar en vídeo las sesiones con los grupos que se prestan a ello, pero lejos de los conflictos que puede suponer la utilización de la imagen personal, la finalidad es poder utilizar el vídeo como una herramienta más del proceso de aprendizaje que nos permite revisitar el material grabado después de un tiempo desde la finalización del programa, ayudándonos de esta manera a recuperar lo ya aprendido.

Además, siempre aconsejo a mis alumnos que tomen notas, pero no de los ejercicios, que pueden encontrarlos en el libro, sino de sus sensaciones, de las emociones que les han provocado las sesiones. Eso es lo que no van a poder encontrar en unos apuntes o incluso, lo que no van a poder revivir, porque si volvieran a tomar el curso de nuevo, ellos ya no serían los mismos y, por tanto, sus anotaciones serían otras.

B.- Tipología de ejercicios y ámbitos de aplicación de la experimentación teatral

En primer lugar, vamos a determinar los conceptos fundamentales que configuran los ejercicios, con el fin de entender mejor esta práctica y sus beneficios. Posteriormente, detallaremos los ámbitos de aplicación en los que se han testado con éxito la batería de ejercicios, que han puesto de manifiesto los beneficios de la Experimentación teatral.

1.- Tipologías de ejercicios

Los tipos de ejercicios que se trabajan en todas las áreas de la Experimentación teatral van desde la improvisación a la coordinación, pasando por la escucha, la percepción espacial, la concentración activa, el desarrollo de la imaginación, la creación de dinámicas de grupo, la gestión de equipos, la influencia de la postura corporal en la resolución de conflictos de carácter emocional, la generación de situaciones de confianza, la agilidad en la resolución de conflictos y el trabajo de empatía.

—*Improvisación*

La improvisación es fundamental en nuestra dinámica porque nos obliga, como ya hacemos de forma natural en la vida cotidiana, a estar siempre alerta, a generar respuestas instantáneas, pero con la ventaja, en el caso de lo teatral y escénico, de poder interpretar y repetir las «escenas». La improvisación nos van a ayudar a comprender las situaciones cotidianas desde una perspectiva muy particular desde la que podemos analizar a los interlocutores, las circunstancias espaciales y al resto de agentes que intervienen en cada realidad en la que nos encontremos inmersos.

—Coordinación

La coordinación es imprescindible para entender los ritos en los que nos movemos como intérpretes de nuestras propias experiencias vitales. En este caso, vamos a encontrar conceptos vinculados a la idea de coordinación como son la conciencia y la percepción espacial. Es importante conocerse a uno mismo en sí mismo, en relación con el otro y con los entornos que habitamos: mi habitación, mi casa, el edificio donde se encuentra mi casa, mi barrio, mi ciudad... Tener conciencia del espacio relativo a mí o al uso que le doy es una realidad imprescindible para entender la medida de las cosas. De este modo, la relación con los entornos cambia según las situaciones que se generen en ellos y quién la experimente.

—Escucha

La escucha, en el caso de lo escénico, va a tener un componente físico, no emocional. Es decir, vamos a entender por escucha la conciencia que tiene el sujeto de lo que esta ocurriendo en su entorno sin necesidad de tener una visión directa de ello. El objetivo es poder saber que nos miran sin mirar nosotros, percibir lo que hace un compañero de forma exacta y precisa sin tener que mirarlo directamente. Esta herramienta es extremadamente útil para tener, como venimos diciendo, esa conciencia del entorno en el que nos desenvolvemos. Además de ser una parte esencial en la concentración, para tener un foco y, al mismo tiempo, poder tener conciencia del entorno.

—Imaginación

La imaginación es una de las herramientas más poderosas de las que disponemos los seres humanos y, sin embargo, dejamos de utilizarla y estimularla de forma continuada a una cierta edad. Desarrollarla y ejercitarla para ampliar horizontes es imprescindible en una vida plena, porque gracias a ella podremos enfrentarnos y solucionar muchas situaciones cotidianas y extracotidianas de forma creativa. Por eso, el ejercicio de la imaginación es un actividad fundamental que puede ser utilizada como recurso. Es decir, podemos y debemos utilizar la imaginación en la resolución de conflictos, en la creación de proyectos o en la solución de problemas cotidianos con los que nos encontramos diariamente. Gracias a ella, alimentamos nuestra creatividad.

—Dinámicas de grupo

Otro aspecto que podemos amplificar con la Experimentación teatral es la generación de dinámicas de grupo. Gracias a todas las técnicas y herramientas que aplicamos en nuestra práctica experimental, podemos generar entornos adecuados para el desarrollo de las dinámicas de grupo. En ellas implementaremos lazos y entornos saludables. Estos grupos pueden ser diversos: la familia, los entornos laborales, la vida social, etc. Pero gracias a nuestros conocimientos adquiridos sobre los modos de relación, podremos, por un lado, entender el funcionamiento de los roles de grupo y, por otro lado, introducir modificaciones que permitan mejorar esos climas y entornos en los que nos movemos cada día. Esta generación de dinámicas de grupo va intrínsecamente ligada a la gestión de equipos.

—Gestión de equipos

Como ya apuntábamos, al conocer el desarrollo de las dinámicas y los entornos en los que se generan, los equipos pueden ser orientados a la consecución de los fines que buscamos dentro de cada uno de ellos. Y es en este punto donde el uso de ciertas herramientas escénicas puede ser enriquecedor para crear espacios de confianza y para implicar a los miembros del equipo a través de la escucha activa y el desarrollo de sus habilidades creativas, imaginativas, etc. Aquí se ponen en juego, fundamentalmente, las capacidades personales que permean transversalmente todas las relaciones sociales. La buena gestión de estas capacidades es muy buscada y aprecia-da en la sociedad contemporánea, tanto en el ámbito coti-diano como en el laboral.

—*Cuerpo*
Otro elemento importante es el cuerpo. Podemos enten-der el cuerpo como el medio a través del cual conocemos y nos conocen. Pues bien, la vivencia del cuerpo desde lo escé-nico nos enseña a usarlo como una herramienta de comuni-cación. Debemos entender esta comunicación en tres planos: comunicación con nosotros mismos, con el otro y con el entorno (inmediato, el más directo, y aquel que consi-deramos global). En la Experimentación teatral creemos que se pueden resolver conflictos desde la actitud física porque el cuerpo es el elemento a través del cual podemos generar y expresar emociones; y lo más importante, gestionarlas y con-trolarlas. Por eso, trabajaremos en fomentar una conciencia activa de las posturas corporales (las propias y las del otro) que nos permita modificar, a través de ella, las emociones.

—*Confianza*
La confianza es algo con lo que trabajamos a diario. Cuando salimos de casa, por ejemplo, confiamos en que el suelo que pisamos no va a hundirse o en que el panadero no ha envenenado la barra de pan que estamos comprando. Como estas, hay muchas situaciones cotidianas que requie-ren de nuestras creencias para poder seguir viviendo. En la Experimentación teatral trabajaremos la gestión de estos espacios y situaciones de confianza que nos van a permitir establecer vínculos y conocer cuáles son sus condiciones de posibilidad.

—*Empatía*
Por último, nos encontramos con los ejercicios para trabajar la empatía. Gracias a ellos, vamos a poder no solo comprender

las situaciones concretas, sino, además, ponernos en la piel del otro, representar personajes que nos permitirán conocer las circunstancias particulares en cada caso. A través de estos ejercicios, visualizaremos diferentes perspectivas y entenderemos y sabremos reaccionar ante las acciones propias y ajenas.

2.- ÁMBITOS DE APLICACIÓN DE LA METODOLOGÍA

La Experimentación teatral no es una mera intuición de investigación científica sino que ha sido probada y contrastada en diferentes ámbitos de trabajo. En sectores como el educativo, los entornos familiares, la cultura empresarial o los espacios sanitarios. Y sigue ampliándose en otros tantos campos como ocurre con el de la docencia, donde es necesario crear una estructura para la Educación Superior en un contexto de materias que conformen un currículum transversal. A continuación vamos a ver la aplicación directa en diferentes disciplinas:

—*Arte*
Los artistas subliman su creatividad explorando mundos propios para abrir puertas a los demás. Precisamente, para poder desarrollar esa fuerza comunicativa que tienen sus obras, necesitan estar provistos de herramientas que les ayuden a generar un diálogo eficaz con sus receptores. Con la Experimentación teatral los agentes que pertenecen a este grupo podrán ser conscientes de quiénes son, tendrán más capacidad para organizar sus flujos de trabajo diario y adquirirán herramientas para poder comunicar su trabajo, poniendo el énfasis en lo dicen y a quién se lo dicen. Por tanto, los objetivos principales con este grupo son:

*Mejorar las capacidades de comunicación optimizando la forma de aproximarnos al acto comunicativo.

*Dar a conocer el trabajo de cada artista con sus propias herramientas, sabiendo qué quieren contar y cómo van a hacerlo.

*Reflexionar sobre su identidad como artistas y sus líneas de trabajo.

*Conocer modos de relacionarse con los distintos agentes y componentes del mercado del arte: galeristas, gestores culturales, otros artistas, público general y especializado...

*Adquirir herramientas para gestionar de forma eficaz y eficiente situaciones a las que se enfrenta el artista en la fase de difusión de su obra.

*Conocer y entender las dinámicas de grupo y la gestión de equipos; elementos de gran utilidad en los nuevos formatos artísticos y en la exhibición del trabajo del artista.

El artista, sea este un músico, un pintor o un *performer,* va a necesitar contar con una serie de recursos que le permitan, por un lado, comunicar de forma adecuada su trabajo en cualquier ámbito y, por otro, buscar modos de explicar y construir su discurso acerca de su identidad como profesional del arte.

—*Pedagogía*
Si pensamos en la educación, la primera parada del camino es la escuela. En ella, empezamos a tener conciencia, fuera del ámbito familiar, de quiénes somos y de cómo nos relacionamos con un entorno más o menos próximo a nosotros. Trabajar en el aula con los recursos que ofrece la Experimentación teatral, aporta beneficios al crecimiento intelectual de los alumnos, desde una edad más o menos temprana; y ayuda al docente al desarrollo de su carrera profesional dotándolo de herramientas nuevas.

El aula puede ser vista como un pequeño teatro y cada clase como una puesta en escena. En este caso proponemos el uso de la pedagogía teatral aplicada a adultos. Pero ¿qué es la pedagogía teatral? Una definición básica, podría definirla como una disciplina que centra en el uso del juego dramático la base de su enseñanza, es decir, que usa herramientas teatrales como recurso educativo.

En nuestra propuesta se sitúa a los profesores como alumnos poniendo en juego la creatividad de los adultos.

El teatro como herramienta para el profesorado favorece la aplicación directa de recursos teatrales en el aula y la capacidad de transmitir conocimientos a través de nuevos métodos de enseñanza que impliquen elementos no tradicionales. Entre estos elementos destacamos: el control del cuerpo y las emociones, la observación y la percepción como modos de aprendizaje, la escucha y la interacción con el otro, la concentración en una actividad, lo lúdico como herramienta de trabajo con unas reglas que deben seguirse y que pueden generar otros aprendizajes.

—*Empresas o instituciones*

Otro sector en el que las técnicas empleadas en nuestra metodología son de vital importancia para poder generar equipos y redes. Las herramientas utilizadas en estos grupos comprenden ejercicios de improvisación, coordinación, escucha, percepción espacial, concentración activa, desarrollo de la imaginación, creación de dinámicas de grupo, gestión de equipos, trabajo corporal para la resolución de conflictos de carácter emocional, generación de situaciones de confianza, agilidad en la resolución de conflictos y ejercicios de empatía.

—*Entorno sanitario*

Los médicos, y el resto de personal sanitario, están sometidos a una presión especial por la naturaleza de su profesión. Por eso es fundamental tener un buen control sobre la gestión de las emociones. Solo así los facultativos podrán empatizar con la realidad del paciente y, al mismo tiempo, tendrán la entereza que les permita desarrollar correctamente su actividad. ¿Pero cómo tomar la suficiente distancia y, a su vez, resultar cercano? Este equilibrio es difícil de alcanzar de forma natural, sobre todo si no se tienen las herramientas adecuadas. La Experimentación teatral va a contribuir, por medio de una serie de técnicas, a que los trabajadores sanitarios puedan hacerse cargo de esas las situaciones límite desarrollando habilidades no adquiridas en la universidad, pero igual de imprescindibles para el trato con los pacientes. Una sesión-tipo con nuestra metodología tendrá que tener en cuenta, además del entorno real al que se enfrentan los profesionales sanitarios diariamente, la delicada relación del facultativo con el paciente y la gestión emocional de las situaciones que en algunos casos son límite.

—*Entornos carcelarios*
En el caso del trabajo con presos vamos a toparnos con una realidad particular que no posee el resto de grupos: la situación de aislamiento que agrava o dificulta la gestión de las emociones de lo que sucede tanto dentro como fuera del recinto carcelario. Muchos de los problemas cotidianos pueden verse agudizados en estos espacios de aislamiento.

Los procesos de rehabilitación que ayudan al recluso a que su incorporación en la sociedad, de nuevo, sea efectiva se sirven de herramientas particulares. Es en esta peculiaridad donde la Experimentación teatral arroja luz sobre los recursos que favorecen el desarrollo integral de las capacidades de la persona para gestionar las situaciones a las que se enfrenta en la reinserción social.

—*Educación Superior*
La Experimentación teatral tiene aplicaciones en la enseñanza y es que responde a una formación integral de la persona.

Por eso su inclusión dentro del currículo académico —como un recurso transversal común a muchas disciplinas del programa universitario— puede ayudar a reforzar conductas y a dar seguridad a los futuros profesionales de las diferentes carreras.

Principalmente, el uso de la Experimentación teatral les va a permitir redefinir y encuadrar cuáles son esas habilidades o *soft skills* —que van más allá de los conocimientos científicos, técnicos o intelectuales adquiridos en el currículo académico— que pueden ayudarles a completar y complementar su formación académica, y que aplicarán en sociedad y en el mundo laboral en un futuro.

A través de una serie de ejercicios desentrañaremos cuáles son esas competencias transversales que están presentes en la idea de «inteligencias múltiples» y que van a ser las que nos permitan diseñar programas específicos para cada alumno o grupos de alumnos. El trabajo ha de ser minucioso y focalizado. Es importante que cuando trabajemos en el ámbito universitario, las competencias se relacionen con los propios conocimientos que el estudiante está adquiriendo en el resto de asignaturas del currículo. Por este motivo es fundamental que el programa que se diseñe se inserte directamente como una asignaturas más o, al menos, como un complemento formativo de extensión universitaria.

—Restauración y Hostelería

La Experimentación teatral ofrece herramientas para el personal de proyectos de hostelería y restauración. El sector servicios tiene una serie de características concretas que tendremos que tener en cuenta a la hora de diseñar su programa específico. Para empezar, se trata de una profesión con una doble vertiente: interna y externa que determina; por un lado, la resolución inmediata, por parte del trabajador, de situaciones cotidianas que surgen dentro del equipo laboral y, por otro lado, la resolución de conflictos y situaciones que tienen que ver con sus consumidores finales: los clientes, razón de ser del trabajo, que debe suponer un éxito para la empresa que realiza el servicio.

La Experimentación teatral aplicada a este grupo debe centrarse, por tanto, en generar una disposición adecuada de los trabajadores para la adquisición de habilidades destinadas al desarrollo de su actividad profesional. Los trabajadores son la cara visible de la empresa, por eso, gestionar sus emociones y saber hacerse cargo de las situaciones que puedan surgir en el día a día; empatizar con el cliente y disfrutar de un grupo sólido de trabajo son las claves que van a determinar, el éxito del empleado y la satisfacción del cliente, que querrá volver a disfrutar de estos servicios en un futuro.

La Experimentación teatral, como ya avanzábamos, aporta una serie de beneficios directos en el trabajador y en su desempeño profesional y personal, además de mejorar sus habilidades sociales y cognitivas. Estos beneficios directos en el equipo de trabajo tienen, por tanto, una repercusión positiva en el desarrollo de la propia actividad empresarial. Interviene de forma directa en el ambiente laboral y en la salud mental y física del trabajador. A través de las dinámicas propuestas, en la empresa lograremos tener un ambiente de trabajo más acogedor generando vínculos entre los miembros de cada departamento. Asimismo, la Experimentación teatral nos ayuda a controlar los niveles de estrés y la gestión de equipos de cara a completar con éxito los proyectos específicos.

Aquellos que trabajen con nuestras técnicas tendrán un mejor control de las emociones, amplificarán la creatividad y adquirirán capacidades relacionadas con la focalización del pensamiento, además de perfeccionar las habilidades de carácter político. Este punto es importantísimo ya que estamos tratando actividades relativas a la negociación o al establecimiento y asunción de normas y reglamentos.

—*Emprendedores*

Este último grupo constituye uno de los sectores más interesantes para la aplicación de la metodología de la Experimentación teatral por las características particulares que presentan en el desarrollo de su actividad. Aunque en las últimas décadas el perfil de emprendedor ha ido cambiado, todos suelen trabajan en proyectos muy especializados y lo hacen de manera autónoma en soledad o con un grupo muy reducido de compañeros. A esto se añade el miedo ante el desconocimiento de un protocolo de trabajo nuevo y el vértigo del salto al vacío de emprender una actividad propia. Sumado a este «síndrome del impostor», muchos emprendedores carecen o tiene poco desarrolladas las habilidades comunicativas que les permiten hablar en público y defender sus proyectos. En ocasiones, no son capaces de gestionar el estrés que les supone vivir con la incertidumbre de no saber si su proyecto saldrá o no adelante. La libertad acaba teniendo un precio y un riesgo que, aunque es fascinante de correr, puede asustar al emprendedor desarmado.

Partiendo de estas realidades comunes al grupo, la Experimentación teatral construye un protocolo de actividades que se basan fundamentalmente en el *rol playing*: un conjunto de herramientas que les ayuden a consolidar sus proyectos, tanto en la parte comercial como en la personal, y que va más allá de la idea tópica de trabajar «el pánico escénico». La Experimentación teatral dota de recursos útiles a los emprendedores para que puedan «caminar solos».

Además de las mencionadas, vamos a atender a dos situaciones en las que la Experimentación teatral puede resultarnos de gran utilidad. Nos referimos a la resolución de conflictos y al empoderamiento de colectivos.

—*La resolución de conflictos personales*

Es clara también la aplicación de todas estas técnicas en la resolución de conflictos de carácter personal en los que el individuo no es capaz de manejar situaciones de su realidad cotidiana. De este modo, gracias a la Experimentación teatral vamos a poder gestionar emociones, superar traumas y tener recursos para la resolución de conflictos aunque huyendo del psicologismo que ha marcado gran parte de la teoría y la práctica del trabajo del actor a lo largo del siglo XX.

Para trabajar con estos grupos, es necesario generar siempre un espacio de confianza, un lugar seguro y libre de juicios y prejuicios, donde vamos a recrear un espacio de juego, de experimentación, el campo de pruebas para prepararnos a enfrentar a las situaciones del día a día. Los conflictos a los que nos podemos someter pueden ser de índoles muy diversas, pero casi siempre parten o pueden gestionarse a través del cuerpo. Por eso, en este tipo de grupos, va a ser muy importante el trabajo con el control del cuerpo de forma física y la interacción directa con el espacio que ocupa.

Es importante señalar en este punto que la Experimentación teatral con fines terapéuticos no constituye una sesión clínica impartida de forma individual. Los grupos podrán ser reducidos a un mínimo de tres personas. Aunque los resultados tengan una repercusión individual, la idea de la interacción debe estar siempre presente. Debemos tener en cuenta que los conflictos individuales van a responder siempre a algo de lo que somos en relación con el «yo» que nosotros mismos creamos o el que creemos que otros nos crean, la relación con los otros o la relación con los entornos.

—*El empoderamiento de colectivos*
Si hay algo que ofrece el desarrollo escénico es, sin duda, la capacidad de empoderarnos. He colaborado con distintos colectivos desfavorecidos y he descubierto cómo el trabajo con nuestra práctica de experimentación teatral se convierte, en muchas ocasiones, en una llave para solucionar la visión que tienen de sí mismos. Gracias a esto, pueden avanzar en la consolidación de sus identidades que les van a permitir mejorar su situación dentro de la sociedad.

El teatro y las técnicas que utilizamos dentro de la metodología de la Experimentación teatral tienen, así, el poder de generar satisfacciones personales que acaban repercutiendo en una mejora de las condiciones sociales de nuestros entornos más cercanos.

Trabajar desde la Experimentación teatral nos permite liberarnos de la pesada máscara que nos ponemos no solo por la presión de la sociedad, sino por nosotros mismos y esas «etiquetas» que nos marcan para siempre. Cuando utilizamos técnicas para desbloquear los mecanismos que activamos por estas «cargas sociales», experimentamos la libertad de no juzgarnos y volvemos a jugar sin presiones. Aplicamos de modo individual y colectivo la función lúdica que tienen las artes escénicas con una finalidad concreta: darnos una oportunidad para reafirmarnos y hacernos más conscientes de nuestro lugar en el mundo, en nuestra familia o en los entornos y grupos en los que participamos.

C-. Metodología: ejercicios de experimentación teatral en tres bloques

A continuación vamos a presentar series repartidas en tres bloques que constituyen una introducción a la metodología empleada por la Experimentación teatral. Como caso práctico se pueden utilizar las combinaciones de cada uno de los bloques por tipos de ejercicios.

Tal y como se disponen, están pensados para desarrollarse en un mínimo de tres ciclos de tres con los que ir profundizando en cada uno de los tipos de ejercicios para completar la formación del alumno y que pueda ir adquiriendo competencias y viendo la evolución de unas sesiones a otras.

Los bloques están creados con ejercicios que tengan una duración de dos horas por sesión, dependiendo siempre de la naturaleza del grupo con el que trabajemos.

Tenemos un primer tipo con los ejercicios de saludo y despedida que nos servirán a nosotros como docentes para poder saber la efectividad de la aplicación de la sesión. En una palabra, y sobre todo, comparando lo que el alumno diga al inicio y al final de la sesión, nos dará una idea de cuál ha sido el cambio y la transformación, la efectividad de los ejercicios. Además de recoger otros aspectos relacionados con el desarrollo de las sesiones. Es importante que como docentes vayamos también generando un cuaderno de anotaciones para seguir las trayectorias individuales y colectivas del grupo.

Otro tipo de ejercicios son aquellos relacionados con la espacialidad. Se trata de poder entender la relación que existe entre nuestro cuerpo y el entorno que ocupamos y en el que nos desplazamos. Esa relación es fundamental en conceptos como la escala, el movimiento y otros asociados.

Las dinámicas de concentración tienen una importancia vital, más aún en nuestros días, donde vivimos mediados por tecnologías y somos víctimas del *multi-tasking* y la simultaneidad de relaciones. Ante esta situación, nos encontramos con el triunfo de filosofías orientales y técnicas de concentración. Nuestra metodología no es una excepción. Por eso en cada uno de los bloques encontramos este tipo de ejercicios para una concentración y atención plenas.

El siguiente grupo son los ejercicios que apelan al desarrollo de nuestra imaginación. Son todos aquellos que van a constituir su estímulo. En una de las sesiones que tuve hace años se produjo una situación que cuento desde entonces. Una mujer de unos cincuenta años, al terminar el taller comentó: «Hacía mucho que no jugaba». Esa frase se me quedó marcada y me hizo reflexionar acerca de la importancia del juego en lo cotidiano y en la escena. Necesitamos dedicar tiempo para lo lúdico en nuestra vida adulta. Tenemos espacios de ocio, pero no espacios de juego, con simulaciones y sin juicios como aquellos que identificamos en los juegos infantiles y que perdemos con la edad. La Experimentación teatral y los juegos de imaginación, que conectan directamente con el desarrollo de nuestra creatividad para la resolución de situaciones y conflictos en nuestra vida cotidiana, nos ayudan a reconectar con esa dimensión perdida de nosotros mismos que perdemos al crecer.

Además vamos a apostar por ejercicios de gestión de las emociones desde lo físico, desde lo postura y las sensaciones corporales, no desde lo psicológico. Esta es una elección propia de la metodología que empleamos con el fin de preservar el daño que puede producir la activación de traumas mentales y que pertenecen a otras disciplinas que no tocan directamente lo artístico. En la Experimentación teatral hay una estructura de psicología, pero no estrictamente desde la terapia cognitiva. Para ese aprendizaje de gestión de emociones se integran técnicas de la improvisación y de otros programas físicos de entrenamiento teatral.

La confianza, con la que empezamos a introducir el concepto de equipo, está constituida por ejercicios que nos privan de sentidos y nos ponen en situaciones de diversa índole. Podremos caer así en la importancia de la red como individuos que se sitúan como sujetos activos. Y, por otro lado, nos hace conscientes de la necesidad de atender al otro; y de hacerlo en equipo.

El último grupo lo constituyen los trabajos de simulación. En ellos se recogen los anteriormente mencionados para generar una situación en la que vamos a poner en práctica todo lo visto y que nos van a permitir estar activos, reflexionar y aprender diversos aspectos de dicha situación. Este proceso no solo será autónomo, si no que tendrá un carácter colectivo en relación al grupo. De este modo, también vamos a ser conscientes de la idea de comunidad, de ser parte de un engranaje, que constituye uno de los aprendizajes más importantes del sistema teatral. Sin duda, podemos trasladar este rasgo de forma directa a nuestra situación cotidiana. Pertenecemos a una comunidad, y a la vez, poseemos una individualidad. La Experimentación teatral nos ayuda a entender nuestra posición con nosotros mismos, con el otro y con los entornos, el más inmediato y el global.

Ejemplo de sesión

Después de haber visto cada uno de los ámbitos de aplicación de la metodología, se ofrece en este capítulo, a modo de resumen, una sesión-tipo con ejercicios y su descripción. Es una buena forma de iniciarse en la metodología para poder comenzar su aplicación. Se trata de un ejemplo que tiene un carácter básico y es aplicable a todos los ámbitos descritos anteriormente. Los ejercicios que se recogen están estructurados en un orden y con un recorrido que tiene una finalidad. Algunos constituyen la parte más tradicional de la enseñanza de las artes escénicas, y es por este motivo, creemos que son los mejores para empezar. ¿Vamos?

BLOQUE I

Duración aproximada: 2h
Grupo: mínimo 3 personas / máximo 30 personas
Materiales: sala diáfana, objetos al azar.

EJERCICIOS:

1.- *Saludo*

Descripción: Nos ponemos todos en círculo y cada uno ha de responder a la pregunta: «¿Cómo estás?» con una palabra (evitaremos la utilización de «bien»/«mal»).

Notas: Este ejercicio permite mirarse bien, es decir, saber reconocer y verbalizar de una manera concreta y precisa y estado de ánimo. Además, es un ejercicio de escucha, por tanto, de empatía con el otro, que permite generar equipo y desarrollar la capacidad de compartir.

2.- *Balsa de la Medusa*

Descripción: Caminamos por el espacio intentando compensar los huecos libres que se generen. Es decir, imaginamos que somos náufragos y que nos encontramos en una balsa que no puede hundirse, por ello debemos compensar el espacio. Al sonido de una palmada saltaremos en el sitio y después continuaremos caminando. Al sonido de dos palmadas, nos agacharemos en el sitio y después continuaremos caminando.

Notas: Utilizando este ejercicio como un calentamiento estamos trabajando en primer lugar, las posibilidades de mi propio cuerpo, así como su relación y situación en el espacio.

En segundo lugar, la coordinación, la memoria espacial y sensitiva y la gestión del espacio.

3.- *Palmada*

Descripción: Nos pondremos en círculo y diremos nuestro nombre por orden. Empezará el último que ha dicho su nombre pasando con una palmada el nombre del compañero al que se la dirige y así sucesivamente. Debemos ser ágiles y no dudar o equivocarnos, si es así quedaremos eliminados del juego.

Notas: Este ejercicio está directamente relacionado con dos conceptos: la escucha teatral y la concentración activa. En relación a la escucha, se trata de desarrollar la capacidad de saber lo que está ocurriendo a mi alrededor sin verlo. Este concepto también genera un vínculo con el otro. En cambio, la concentración activa interviene en aquellos procesos en los que estamos desarrollando una actividad y, a su vez, hemos de ser capaces de ser conscientes de lo que está sucediendo a nuestro alrededor.

4.- *¿Para qué sirve?*

Descripción: Se coloca un objeto cualquiera y se dispone en el centro del círculo formado por el grupo. Uno cogerá el objeto y dirá «Esto sirve para...» y dará un uso no habitual al objeto. Lo devolverá al centro y otro compañero cogerá el objeto y dirá «no, no, esto sirve para...» y así sucesivamente hasta que se genere un silencio en el grupo.

Notas: Este es un ejercicio que permite desarrollar la imaginación y la capacidad de improvisación, así como el respeto por el otro. Se trata de un juego en el que las normas las va generando y determinando el grupo según se van sucediendo respuestas.

5.- *Entrevista*

Descripción: Nos situamos por parejas, con alguien que no conozcamos mucho. Una pareja se sitúa enfrente al resto del grupo. Cada miembro de la pareja debe representar al otro. Es decir, el resto del grupo hará una entrevista de cinco minutos a cada miembro de la pareja que no contestará a las preguntas por sí mismo, sino interpretando al otro. Las cosas que obviamente no conocemos de la otra persona tendremos que inventarlas por lo que vemos de ella.

Notas: Con este ejercicio generamos grupo. Por un lado nos permite saber la imagen que proyectamos y lo que podríamos llegar a ser; por otro, nos ayuda a potenciar la imaginación como recurso a la hora de describir a otra persona.

6.- *Romeo y Julieta*

Descripción: Elegimos a una pareja cuya misión es juntarse. El resto de compañeros formarán dos equipos como Capuletos y Montescos que sujetarán a cada miembro de la pareja impidiendo su encuentro. En determinado momento se soltará a ambos y podrán juntarse.

Notas: En este caso se trata de un ejercicio que permite generar emociones a través de un ejercicio físico. Este tipo de trabajo pertenece a una corriente escénica que tiene una firme convicción en que es posible generar emociones a partir de partituras físicas de movimiento.

7.- *Despedida*

Descripción: Nos ponemos en círculo y cada uno con una palabra dice cómo se siente.

Notas: Este ejercicio permite mirarse bien, es decir, saber reconocer y verbalizar de una manera concreta y precisa el estado de ánimo. También es un ejercicio de escucha, por tanto de empatía con el otro, que genera equipo y desarrolla la capacidad de compartir.

BLOQUE II

Duración aproximada: 2h
Grupo: mínimo 3 personas / máximo 30 personas
Materiales: sala diáfana, bola, equipo de música.

EJERCICIOS

1.- *Saludo*

Descripción: Nos ponemos todos en círculo y cada uno ha de responder a la pregunta: «¿Cómo estás?» con una palabra (evitaremos la utilización de «bien»/«mal»).

Notas: Este ejercicio permite mirarse bien, es decir, saber reconocer y verbalizar de una manera concreta y precisa el estado de ánimo. También es un ejercicio de escucha, por tanto de empatía con el otro, que genera equipo y desarrolla la capacidad de compartir.

2.- *Pistolero*

Descripción: En este juego nos ponemos en círculo. Deberemos recodar los nombres de las personas que tenemos situadas a derecha e izquierda. El profesor dirá el nombre de una de las personas que está en el círculo, para evitar las balas este deberá agacharse, las personas situadas a su derecha e izquierda deberán disparar con la mano correspondiente que se sitúa del lado del nombre pronunciado. Si alguno no realiza estos movimientos queda eliminado.

Notas: En este ejercicio generamos equipo y ejercitamos la memoria al recodar los nombres del resto de nuestros compañeros. También ejercitamos la escucha teatral y la concentración activa. A su vez es un excelente calentamiento del cuerpo con el que adquiriremos conciencia del mismo y su situación en el espacio.

3.- *Pasa la bola*

Descripción: Nos ponemos en círculo, cada uno de nosotros elige un color. Pasamos una pelota diciendo primero el color de la persona a la que la dirigimos. Debemos concentrarnos en el lanzamiento y en la recepción, ya que la pelota no puede caer.

Notas: En este ejercicio, que es el segundo paso de «Palmada» tenemos los mismos objetivos, solo que en este caso el cuerpo ha de estar un paso más activo para el lanzamiento y la recepción.

4.- *Bolo*

Descripción: Nos ponemos en círculo y uno de nosotros se colocará en el centro con los ojos cerrados. Deberá manteniendo los pies firmes y el cuerpo rígido dejarse caer y el resto de compañeros deberán sujetarlo y devolverlo al centro.

Notas: Este es un ejercicio que permite desarrollar la confianza en el equipo y adquirir un control de nuestro cuerpo.

5.- *¿Qué haces?*

Descripción: Por turno comenzamos a realizar una acción concreta con un movimiento continuo. Otra persona se acercará a nosotros y nos preguntará: «¿Qué haces?». Respondemos diciendo otra acción diferente a la que estamos realizando. Si nos quedamos en blanco pasará al siguiente que comenzará a realizar su acción y así sucesivamente.

Notas: Este es un ejercicio de entrenamiento para la improvisación ya que requiere de nosotros agilidad y rapidez. Por este motivo también desarrolla nuestra imaginación.

6.- *Baile*

Descripción: Nos ponemos en círculo, uno de nosotros se coloca en el centro y comienza a hacer movimientos al ritmo de una música realizando gestos que todos deberemos imitar. El que genera los movimientos debe estar atento a que todos sigan precisamente los movimientos que realiza. Al sonido de una palmada iremos cambiando la persona que está en el centro.

Notas: El éxito del ejercicio no está basado en el propio baile, sino en el trabajo en equipo, en el hecho de desarrollar nuestra atención para conocer cómo está funcionando el ejercicio.

7.- *Despedida*

Descripción: Nos ponemos en círculo y cada uno con una palabra dice cómo se siente.

Notas: Este ejercicio permite mirarse bien, es decir, saber reconocer y verbalizar de una manera concreta y precisa el estado de ánimo. También es un ejercicio de escucha, por tanto de empatía con el otro, que genera equipo y desarrolla la capacidad de compartir.

BLOQUE III

Duración aproximada: 2h
Grupo: mínimo 3 personas / máximo 30 personas
Materiales: sala diáfana, huevos.

EJERCICIOS:

1.- *Saludo*

Descripción: Nos ponemos todos en círculo y cada uno hade responder a la pregunta: «¿Cómo estás?» con una palabra (evitaremos la utilización de «bien»/«mal»).

Notas: Este ejercicio permite mirarse bien, es decir, saber reconocer y verbalizar de una manera concreta y precisa el estado de ánimo. También es un ejercicio de escucha, por tanto de empatía con el otro, que genera equipo y desarrolla la capacidad de compartir.

2.- *Pasivo/activo*

Descripción: Nos pondremos por parejas y de pie empezaremos a activar el cuerpo del otro a través de un masaje que empezará desde la cabeza a los pies.

Notas: Con este ejercicio estamos realizando un calentamiento que permite el entrenamiento físico. A su vez es un ejercicio que tiene que ver con el trabajo y la confianza con el otro. También veremos cómo sin movernos del espacio podemos activar nuestro cuerpo.

3.- *Huevo*

Descripción: Nos pondremos en círculo y pasaremos un huevo. Sin decir nombre, solo con la mirada. Debemos concentrarnos en el lanzamiento y en la recepción para no dejarlo caer.

Notas: En este ejercicio, tercer paso de los anteriores ejercicios de *Palmada* y *Bola* estamos desarrollando la escucha teatral y la concentración activa.

4.- *Confianza*

Descripción: Uno de nosotros cierra los ojos y comienza a recrear un espacio mediante sus movimientos. Corresponderá al resto del grupo ir generando todo aquello que necesite con su cuerpo. Sillas, escaleras, etc.

Notas: Este es un ejercicio en el que se trabaja la confianza y el desarrollo de la imaginación sensorial. El resto del grupo deberá a estar atento, con una concentración activa y con respuestas improvisadas y creativas.

5.- *Las tres réplicas*

Descripción: Dos personas deben, con tres frases, realizar una improvisación en la que dejen claro su relación, el lugar en el que están y qué actividad están realizando.

Notas: Es un ejercicio de entrenamiento de improvisación en el que desarrollamos la creatividad de forma ágil y dinámica.

6.- *Carrusel de imágenes*

Descripción: Se realiza una escena improvisada entre dos personajes (a y b), de la que previamente se han acordado personajes, relación y lugar. Quien interpretó a «b» en una segunda ronda interpretará a «a» y «b» será interpretado por un tercero que entrará a formar parte de la improvisación. Así sucesivamente hasta que todos hayan interpretado a ambos.

Notas: Este ejercicio pertenece a la técnica del teatro del oprimido de Augusto Boal. A través de ella Boal busca solucionar traumas de la persona.

7.- *Despedida*

Descripción: Nos ponemos en círculo y cada uno con una palabra dice cómo se siente.

Notas: Este ejercicio permite mirarse bien, es decir, saber reconocer y verbalizar de una manera concreta y precisa el estado de ánimo. También es un ejercicio de escucha, por tanto de empatía con el otro, que genera equipo y desarrolla la capacidad de compartir.

D.- Trabajo en diez sesiones

Una vez que hemos visto todos los ingredientes, lo que presento a continuación es una receta, un ejemplo del diseño de un programa en diez sesiones que nos va a ayudar a profundizar en la metodología y en su aplicación. Al igual que en el ejemplo de sesión-tipo, este ciclo tiene un alcance universal y constituye una excelente forma de profundizar en la metodología dando un paso más en relación a los ejercicios del apartado anterior[1].

---

[1] Para poder crear programas más específicos y adaptados a cada situación, será necesario formarse de manera profesional en la materia.

SESIÓN 1

—PRESENTACIÓN
Realizaremos ejercicios de conocimiento del grupo y presentación entre los alumnos.

—EJERCICIOS DE CONCENTRACIÓN I
En ellos empezaremos a trabajar el control de nuestra coordinación. A través de estos ejercicios nos comunicarnos con los miembros del grupo y practicaremos las dinámicas que conducen a la concentración personal, de manera individual y grupal.

—RELACIÓN CON EL ESPACIO (HABITAR EL CUERPO)
Ponemos en relación el cuerpo y el espacio para encontrar las distintas posibilidades de recorrerlo y habitarlo a través de nuestro cuerpo. Relación del entorno con nuestros sentidos.

—EJERCICIOS DE RELAJACIÓN I
Entrando en contacto con nosotros mismos y con el entorno intentaremos respetar las diferencias que se establecen entre los distintos estados por los que nuestro cuerpo y nuestras emociones transitan en la cotidianidad.

—ESCUCHA I
Ejercicios que nos permitan adquirir un sentido de la escucha superior al habitual.

SESIÓN 2

—Ejercicios de concentración II
Continuaremos con los ejercicios que nos permitan aumentar nuestra capacidad de concentración, tanto en situaciones generales y específicas.

—Relación con el espacio (posibilidades del entorno) II
Exploramos las maneras de conocer el entorno, qué aportamos y qué nos aportan las distintas aproximaciones a él.

—Ejercicios de relajación II
Experimentamos la sensación de entrar y salir de estados de relajación que nos conduzcan a técnicas aplicables en situaciones cotidianas.

—Escucha II
Desarrollamos la escucha tanto a nivel personal como grupal.

—Imaginación
Propuesta de ejercicios que nos permitan experimentar el uso extra-cotidiano de los objetos y la resolución creativa las situaciones propuestas.

SESIÓN 3

—TÉCNICAS VOCALES I
Iniciación en el uso y control de la voz.

—ESCUCHA III
Ejercicios avanzados de entendimiento de los actos de comunicación.

—SITUACIÓN I
Iniciación a los ejercicios de recreación de situaciones extraídas de la cotidianidad con las que trabajar.

—CONFIANZA I
Ejercicios para trabajar la relación con el otro.

—CONTROL DE LAS EMOCIONES I
Ejercicios que nos permitan entender el arco de emociones que experimentamos en los actos comunicativos.

SESIÓN 4

—TÉCNICAS VOCALES II
Uso y control de la voz como instrumento de comunicación de nuestra.

—ESCUCHA IV
Ejercicios avanzados de entendimiento de los actos de comunicación.

—SITUACIÓN II
Trabajo con las experiencias de los alumnos para el análisis de situaciones cotidianas.

—CONFIANZA II
Ejercicios de relación con el otro.

—CONTROL DE LAS EMOCIONES II
Clasificación del arco de emociones.

SESIÓN 5

—TÉCNICAS VOCALES III
Conexión de nuestra voz con nuestro cuerpo para controlar nuestros discursos.

—SITUACIÓN III
Ejercicios a partir de situaciones cotidianas vividas por los alumnos.

—CONFIANZA III
Trabajo de relación con el otro.

—CONTROL DE LAS EMOCIONES III
Selección de emociones del arco sobre las que trabajar de forma concreta.

—IMPROVISACIÓN I
Ejercicios de improvisación teatral que reforzarán las habilidaded de los alunmos para enfrentarse a situaciones cotidianas.

SESIÓN 6

—SITUACIÓN IV
Ejercicios a partir de situaciones de los alumnos respecto a situaciones cotidianas vividas por ellos.

—IMPROVISACIÓN II
Ejercicios de improvisación teatral que reforzarán las habilidaded de los alunmos para enfrentarse a situaciones cotidianas.

—CONTROL DE LAS EMOCIONES IV
Selección de emociones del arco sobre las que trabajar de forma concreta.

—CONFIANZA IV
Trabajo en la relación con el otro

—ESPACIALIDAD I
Interacción de distintos ejercicios de las sesiones anteriores para combinarlos en una práctica espacial concreta.

SESIÓN 7

—IMPROVISACIÓN III
Ejercicios de improvisación teatral que reforzarán las habilidades de los alumnos para enfrentarse a situaciones cotidianas.

—SITUACIÓN V
Ejercicios a partir de situaciones de los alumnos respecto a situaciones cotidianas vividas por ellos.

—CONTROL DE LAS EMOCIONES V
Selección de emociones del arco sobre las que trabajar de forma concreta.

—ESPACIALIDAD II
Interacción de los distintos ejercicios de las sesiones anteriores para aglutinarlos en una práctica espacial concreta.

SESIÓN 8

—Sesión práctica (improvisación y situación) I
Trabajo de autoconocimiento y explicación de la actividad artística de forma profesional.

Estas últimas sesiones necesitan de una implicación mayor por parte de los participantes para llevar a cabo su desarrollo. En ellas se va a trabajar, en la primera parte, sobre el conocimiento propio, pero aplicándonos lo que se observe de nosotros desde fuera. Es decir, se van a generar en el individuo otros puntos de vista que permitan que la auditoria a uno mismo pueda ser más completa. En una segunda parte, partiremos de una situación cotidiana que queramos trabajar. Puede ser algo tan sencillo como una reflexión sobre el momento de levantarnos de la cama cada mañana o una específicamente relacionada con la actividad que realizamos a lo largo del día en cualquiera de los ámbitos en los que nos movamos. Lo importante es que sea un patrón de conducta arraigado en nuestra cotidianidad y que podamos identificar como nuestro.

SESIÓN 9

—SESIÓN PRÁCTICA (IMPROVISACIÓN Y SITUACIÓN) II
Trabajo de autoconocimiento y explicación de la actividad
artística de forma profesional.

Estas últimas sesiones necesitan de una implicación mayor
por parte de los participantes para llevar a cabo su desarrollo. En ellas se va a trabajar, en la primera parte, sobre el
conocimiento propio, pero aplicándonos lo que se observe
de nosotros desde fuera. Es decir, se van a generar en el individuo otros puntos de vista que permitan que la auditoria a
uno mismo pueda ser más completa. En la segunda parte,
vamos a trabajar con la acción cotidiana de la sesión anterior
que ya habremos fragmentado en unidades físicas. A partir
de lo físico estableceremos los patrones de pensamiento y a
través del pensamiento, los patrones físicos. Su repetición
nos va a ayudar a entender los mecanismos que generan estas
acciones cotidianas, su utilidad y la función que ocupan en
nuestro día a día.

SESIÓN 10

—Sesión práctica (improvisación y situación) III
Estas últimas sesiones necesitan de una implicación mayor por parte de los participantes para llevar a cabo su desarrollo. En ellas se va a trabajar, en la primera parte, sobre el conocimiento propio, pero aplicándonos lo que se observe de nosotros desde fuera. Es decir, se van a generar en el individuo otros puntos de vista que permitan que la auditoria a uno mismo pueda ser más completa. En una segunda parte, vamos a concluir el ciclo iniciado y desarrollado en las dos sesiones anteriores, bien buscando nuevas formas de plantear la actividad que hemos estado analizando, bien entendiendo su mecanismo y trayéndola a nuestro aquí y ahora para tomar conciencia de su necesidad y mirando hacia afuera, trabajando con el resto del grupo. De este modo se va a generar un acto en el que compartir experiencias, modelos de actuación y procesos de aprendizaje.

[CODA] Ahora es el momento de crear tu propio ciclo de sesiones. Puedes crear tu propia receta usando la plantilla de las diez sesiones que acabamos de describir. Para personalizarla, complétala para adecuarla a tus necesidades.

E.- Beneficios de la experimentación teatral

Como resultado principal de la aplicación de nuestra Experimentación teatral, el individuo observa una mejoría inmediata en las relaciones sociales y un cambio directo en su práctica profesional. A continuación se ofrecen algunas de las claves de dicho cambio:

—El dominio del espacio y el manejo del cuerpo como una herramienta.

—La práctica de la intuición reflexiva y la precisión en el conocimiento de las emociones personales y ajenas.

—El redescubrimiento del propio cuerpo y la ausencia del juicio como elementos fundamentales para iniciar la interacción con el otro.

—Un entrenamiento físico y emocional intenso que ayuda a la identificación y gestión de las emociones en situaciones y entornos concretos.

— Una activación de la creatividad y una aplicación del pensamiento imprescindibles en la gestión de situaciones y en la consecución de metas y objetivos tanto individuales como de equipos de trabajo.

—La adquisición de las habilidades de carácter político como la asertividad, la relación con los estatutos de poder y el cumplimiento de normas que son fundamentales en muchos ámbitos de la vida social y laboral.

— La capacidad de resolución de conflictos gracias al uso de la improvisación, que ofrece, gracias a su inmediatez, a ese aquí y ahora, agilidad y capacidad resolutiva de una forma rápida.

—Y, por último, un mayor conocimiento de los entornos de trabajo a través del desarrollo de la percepción espacial y sensorial.

Las artes escénicas, en definitiva, nos ayudan a comprender las relaciones desde lo cognitivo, lo sensorial y lo emocional. La adquisición de este tipo de habilidades pueden sernos útiles en otras situaciones a las que nos enfrentemos en nuestra cotidianidad personal y profesional.

F.- Epílogo

Una de las características de la utilización del juego dramático es la unión de la teoría y la práctica. Los conceptos se aprenden mediante la acción. En la práctica teatral, se establece un flujo circular de la información en el que aprendemos mientras hacemos y enseñamos. Y todo esto sucede al interactuar con el otro.

El enfoque teatral abre un campo a la idea de proceso e insta a la investigación en el cómo y no en la finalidad. Además, la Experimentación teatral, con la incursión de lo artístico en los procesos cognitivos, transforma los métodos de pensamiento, los procesos y la adquisición del conocimiento. Los procesos cognitivos de aprendizaje pasan a ser procesos relacionados con otro tipo de inteligencias, como la emocional o la artística. El arte escénico permite amplificar capacidades a través de la escucha activa, la interacción con el otro, la observación, la mímesis, la acción y la reflexión. Esto lo hace siempre partiendo de aquello que cada uno puede ofrecer, teniendo en cuenta sus capacidades y experiencias. Así el aprendizaje resulta enriquecedor, no causa frustración, más allá de los juicios propios que deben ser eliminados, y hace avanzar al grupo con una perspectiva más amplia. El teatro obliga a estar concentrado en la acción, es decir, huye del pensamiento, y por tanto, evita el juicio. Lo que no nos deja es, en ningún caso, escapar de una reflexión posterior.

El teatro supone una gran escuela en la que conocernos a nosotros mismos y en la que conocer los modos de proceder que determinan nuestras acciones y nuestras relaciones en cualquier contexto social.

El centro del arte escénico es, indudablemente, el ser humano.